Wego W. K. Chiang
Die strategische
Bedeutung Taiwans

Wego W. K. Chiang

Die strategische Bedeutung Taiwans

Eine Analyse

Seewald Verlag

Ins Deutsche übertragen
von Gerhard Schlesinger.
Titel der englischsprachigen
Originalausgabe:
»The Strategic Significance
of Taiwan«

Umschlag von Creativ Shop München,
Adolf und Angelika Bachmann
Gesamtherstellung: Augsburger Druck-
und Verlagshaus, Augsburg
Printed in Germany
ISBN 3 512 00529 2

Inhalt

Einleitung von Gerhard Schlesinger 7

Vorwort von Wego W.K. Chiang 15

I. Analyse der Weltlage und der globalen Strategie 19

Die Bedeutung einer strategischen Zielsetzung 19

Die »Rote Gefahr«, nicht die »Gelbe Gefahr« bedroht in Wahrheit unsere heutige Welt 23

Zwei irrige Voraussetzungen 26

Überblick über Erfolge und Fehlschläge zweier Formen der Kriegführung 31

Drei enorme finanzielle Ausgaben und deren psychologische Wirkung auf die Bevölkerung 33

Die wahre Ursache der Probleme in der Welt 37

Die delikaten Beziehungen zwischen den chinesischen und den russischen Kommunisten 40

II. Die Bedeutung Taiwans für bestimmte Staaten und Gebiete 45

1. Für Nord- und Südamerika, insbesondere für die USA. 2. Für Nordostasien, insbesondere für Japan. 3. Für Südostasien. 4. Für Australien und Neuseeland. 5. Für die indochinesische Halbinsel. 6. Für die Flottenstrategie im Pazifik und im Indischen Ozean. 7. Für die Pazifik-Flotte der Sowjetunion. 8. Für Sowjetrußland. 9. Für die Überseechinesen. 10. Für die Wiedergewinnung des chinesischen Festlandes. 11. Letztes

und zugleich wichtigstes Argument: Für die Sicherheit der Welt im großen und ganzen

Exkurs 1: Kurze Einführung in die drei wichtigsten geostrategischen Theorien – als Grundlage für die oben angeführten Argumente: Die Seemacht-Theorie. Die Herzland-Theorie. Die Randland-Theorie 54

Exkurs 2: Kurze Analyse der Positionen der freien und der kommunistischen Welt im Hinblick auf die drei wichtigen Elemente des Krieges: 1. Eine Analyse im Hinblick auf die geographische Lage. 2. Eine Analyse im Hinblick auf die strategischen Waffen. 3. Eine Analyse im Hinblick auf das Menschenpotential. Schlußfolgerung 58

III. Eine kurze Analyse der zukünftigen Strategie der Vereinigten Staaten in den Räumen Asiens, des Pazifischen und des Indischen Ozeans 64

IV. Beurteilung der Verteidigungsstrategie entlang der Inselkette im Westpazifik 76

Schlußbemerkung 82

Der Autor 94

Einleitung

Jimmy Carters Pakt mit Peking war mehr als nur der spektakuläre Alleingang eines auf außenpolitische »Erfolge« dringend angewiesenen US-Präsidenten. Er war mit Sicherheit die unausbleibliche Konsequenz einer Entwicklung, die vor gut einem Jahrzehnt mit dem Einsetzen der sogenannten »Ping-Pong-Diplomatie« begonnen hatte, ihren ersten Höhepunkt im Oktober 1971 mit der Vertreibung der Republik China aus der UNO erreichte und schließlich in der Rotchina-Euphorie der zweiten Hälfte der siebziger Jahre gipfelte, als eine schier unübersehbare Zahl von Repräsentanten der politischen und wirtschaftlichen Mächte des Westens nach Peking pilgerte.

Doch zugleich war Carters kuriose Wende von der Qualität zur Quantität ein bemerkenswerter Akt der Unfairness, wie er in der politischen Geschichte der Vereinigten Staaten von Amerika hoffentlich ohne Vergleich bleibt. Die Ereignisse vom Dezember 1978 bedeuteten eine schallende Ohrfeige in das Gesicht eines der treuesten und schlagkräftigsten Verbündeten, über die die USA im asiatischen Raum jemals verfügt haben.

Für Regierung und Volk der Inselrepublik war der Schock fraglos geringer als im Jahre 1971, als Taiwan mit der UNO eine Institution verlassen mußte, deren Gründungsmitglied es war. Dennoch waren Trauer und Enttäuschung tief, da die Beziehungen der Republik China zu den Vereinigten Staaten bis dato sowohl auf militärischem als auch auf wirtschaftlichem und kulturellem Gebiet sich besonders eng gestaltet hatten. Vor allem für den vielzitierten »Mann auf der Straße« bedeutete Carters überraschende Allianz mit Rotchina den Verrat an einem langjährigen loyalen Bundesgenossen. Für ihn bestätigten sich die vielfachen Appelle des vormaligen Premiers und nunmehrigen Staatspräsidenten Chiang Ching-kuo, wonach Taiwan sich auf niemand anders als auf sich selbst verlassen könne und entsprechende Anstrengungen unternehmen müsse. Das Gefühl, nunmehr auf Gedeih und Verderb in einem Boot zu sitzen, hat die Geschlossenheit der Inselbevölkerung erheblich verstärkt; es liegt nahe, Parallelen zur Situation Israels zu ziehen.

Staatspräsident Chiang Ching-kuo kommentierte den Schritt seines früheren Verbündeten mit warnender Noblesse: »Wir haben die USA mehrmals gebeten und gewarnt, nicht einen Freund zu verletzen, um einem Feind zu gefallen – aber vergebens. Durch den jüngsten Schritt wurde der Feind zum Freund. Die USA haben einen Wolf in ihr Wohnzimmer gelassen. Sicherlich ein unkluger, schrecklicher Schritt. Ich denke, daß die USA dies eines Tages bereuen werden.«

Deutlicher formulierte der Kommentator der »Central Daily News«, einer der größten in Taipei erscheinenden Tageszeitungen, die Konsequenzen von Carters Kehrtwendung: »Die US-Entscheidung ist ein historischer Fehler und ein Rückschlag für menschliche Freiheit und demokratische Institutionen. Die Politik der Carter-Administration, sich mit den chinesischen Kommunisten gegen die Sowjetunion zu verbünden, kann den Frieden in Asien nicht fördern, sondern wird internationale Krisen ausweiten und kommunistische Aggressionen herausfordern.«

Nun, Rotchinas Einmarsch ins sowjetisch dominierte Vietnam, unmittelbar nach der Besiegelung der Brüderschaft mit Washington, hat das wahre Gesicht der Pekinger »Friedensfürsten« nur zu deutlich gezeigt und diente als längst fällige kalte Dusche auf die irrwitzige Rotchina-Euphorie des Westens. Mehr noch: die jämmerliche Niederlage der rund sechs Millionen Mann starken rotchinesischen »Volksarmee« hat gezeigt, daß ein mehr als zwei Jahrzehnte altes Waffensystem, verbunden mit einer mangelhaften Infrastruktur, eben nicht durch Menschenmassen aufgewogen werden kann, sondern einer kleinen, schlagkräftigen, technologisch überlegenen Armee nicht standzuhalten vermag.

Wieviel besser noch als beim Exempel Vietnam garantiert dieser Sachverhalt doch die politische und militärische Unversehrtheit der Republik China! Geschützt durch seine natürlichen Grenzen bildet das hochtechnisierte, wirtschaftlich starke Taiwan mit seiner schlagkräftigen Armee von etwa 600000 Mann einen unübersehbaren Machtfaktor im asiatischen Raum und stellt damit den Angelpunkt des ASEAN-Paktes dar, einer militärischen Interessengemeinschaft, zu der sich bislang Indonesien, Singapur, Malaysia, Thailand und die Philippinen zusammengeschlossen haben.

Längst ist den Machthabern in Peking klar geworden, daß sie mit ihrer technisch veralteten, nur zur Küstenverteidigung geeigneten Marine sowie einer höchst mangelhaft ausgerüsteten und schlecht trainierten Luftwaffe niemals die 160 Kilometer breite Straße von Taiwan überwinden können, um die Republik China mit Waffengewalt zu erobern. Nicht mehr die »Wiederangliederung der abtrünnigen Provinz« ist die Devise Rotchinas, sondern eine Wiedervereinigung mit friedlichen Mitteln. Deng Xiao-pings Offerten an die Regierung in Taipei reichen von der Aufnahme geregelter Handelsbeziehungen, des Post-, Reise- und Flugverkehrs bis hin zu der Andeutung, daß die Insel ihr derzeitiges politisches, wirtschaftliches und soziales System, ja sogar ihre eigenen Streitkräfte behalten könne.

Doch Rotchinas neue Politik der Umarmung stößt in Taipei lediglich auf Mißtrauen und offene Ablehnung. Der Westen irrt, wenn er glaubt, die sogenannte »Taiwan-Frage« sei durch

Carters einsame Entscheidung endgültig gelöst, der Anspruch der Regierung in Taipei als alleinige Sprecherin für das gesamte chinesische Volk sei nunmehr illusorisch. Im Gegenteil: Nach wie vor versteht man sich dort als eine freiheitlich-demokratische Alternative zur kommunistischen Herrschaft auf dem Festland, als Hüterin und Wahrerin chinesischer Tradition im besten Sinne. Die Kuomintang-Regierung, so beeilte sich ihr Vorsitzender, Staatspräsident Chiang Ching-kuo, zu versichern, werde weiterhin das Ziel der Befreiung des Festlandes im Auge behalten und auch in Zukunft nicht mit Kommunisten verhandeln. Gleichzeitig bestätigte der älteste Sohn des 1975 verstorbenen Marschalls Chiang Kai-shek jedoch, daß eine Rückgewinnung des chinesischen Festlandes mit Waffengewalt nicht vorgesehen sei: die Republik China setze ihre Hoffnungen auf einen »Aufstand der Bevölkerung auf dem Festland« sowie auf die »innere Spaltung« des kommunistischen Regimes.

Ausführlich erläuterte jüngst Sun Yun-suan, seit Mai 1978 amtierender Ministerpräsident der Republik China, das Postulat einer gesamtchinesischen Zukunft: »Frieden und Wiedervereinigung sind die gemeinsamen Ziele des chinesischen Volkes. Aber das vereinigte China, das wir suchen, muß den Frieden in der Welt und das Wohlergehen der Menschen fördern, eine demokratische und konstitutionell abgesicherte Regierung haben, die grundlegenden Menschenrechte gewähren, die freie Wirtschaft und das Recht auf Privateigentum sichern... Wir suchen eine offene Welt, nicht einen undurchdringlichen Käfig, in dem jeder jeden überwacht. Wir brauchen eine modernisierte Gesellschaft, in der es allen von uns gleichermaßen wohlergeht, und nicht rückständige Kommunen, in denen alle gleich arm sind. Wir müssen chinesische Kultur und Gesellschaft in den Hauptstrom der modernen Welt lenken und so eine bessere Zukunft für die Menschheit schaffen. Wir brauchen kein System, das auf blinder Opposition oder sogar gänzlicher Abschaffung der chinesischen Kultur beruht... Aus der Geschichte wissen wir, daß jene, die auf die Kommunisten vertrauen, ein tragisches Ende nehmen werden. Die Übernahme der drei baltischen Staaten durch die Sowjetunion, der Aufstand auf dem Festland und der Fall Vietnams sind als Beispiele der Tragödien noch immer in unserem Gedächtnis. Wenn wir heute nicht als beherzte Freiheitskämpfer leben können, werden wir morgen als Flüchtlinge auf stürmischen Meeren treiben.«

Dies ist der Geist jenes engagierten Antikommunismus, wie er heute mehr denn je unter den 17 Millionen Einwohnern der Inselrepublik vorherrscht. Und in eben diesem Geist ist das vorliegende Buch geschrieben, dessen Autor, Generaloberst Wego W.K. Chiang, nicht nur als jüngerer Sohn des verstorbenen Marschalls, sondern vor allem auch als altgedienter Troupier und Generalstäbler sowie als Präsident der Armed Forces University in Taipei zu den herausragendsten Persönlichkeiten der Republik China gehört.

Schonungslos entlarvt der heute 62jährige Offizier das wahre Gesicht des sowjetischen wie des chinesischen Kommunismus, dessen ungezügelter Drang nach der Weltherrschaft die gefährlichste Bedrohung des Weltfriedens darstelle. Beschwörend wendet sich General Chiang an die Politiker der westlichen Welt, in ihrem Bestreben nach »Wandel durch Annäherung« nicht noch weitere Bastionen der freien Welt kampflos und ohne Gegenleistung aufzugeben, sondern Seite an Seite mit der Republik China in geschlossener Phalanx dem Vordringen des Kommunismus energischen Widerstand zu leisten. Nachdrücklich warnt er vor dem naiven Glauben, daß die kommunistischen Staaten sich eines Tages ganz von selber in demokratische verwandeln könnten, und vor dem Wunschtraum, durch ein »Gleichgewicht der Kräfte« einen Krieg vermeiden zu können.

Die Thesen, die der Autor in den vergangenen fünf Jahren, meist auf der Basis ausführlicher Vorträge, erarbeitet hat, besitzen auch und gerade nach den jüngsten Ereignissen uneingeschränkte Gültigkeit und höchste Aktualität. In seiner bildhaften, der Drastik durchaus nicht immer entbehrenden Sprache übt General Chiang unbequeme, doch leider nur zu berechtigte Kritik an der Führungsmacht der westlichen Welt, den Vereinigten Staaten von Amerika, die sich weder über ihre eigenen Ziele noch über die Absichten ihrer Gegner je im klaren gewesen seien. Im Kernstück seiner Ausführungen, einer brillant aufgefächerten Analyse der mannigfachen strategischen Bedeutung der Inselbastion Taiwan, hält General Chiang den USA einen Spiegel ihrer militärischen Kurzsichtigkeit und politischen Unzulänglichkeit vor, verbunden mit einem eindringlichen Appell, noch reparable Versäumnisse nicht zu irreparablen werden zu lassen.

Wenigstens in der Bundesrepublik Deutschland scheint man, nachdem die nahezu beängstigende Rotchina-Euphorie schneller als erwartet abgeklungen ist, so langsam wieder zu einer realistischen Einschätzung der Lage im Fernen Osten zu finden. In einem Aufsatz, den der Bundestagsabgeordnete Dr. Herbert Hupka in Heft 2/1979 des »Deutschland-Magazin« veröffentlichen ließ, finden sich immerhin schon die folgenden Passagen:

»Wir Deutschen beziehen uns, wenn wir behaupten, daß die deutsche Frage offen ist, immer und auch zurecht auf den Deutschlandvertrag mit den USA, Großbritannien und Frankreich von 1954. Wir können nur wünschen, daß nicht eines Tages, weil die größere Sowjetunion gewichtiger zu werden droht als die kleinere Bundesrepublik Deutschland, dieser Deutschlandvertrag für obsolet erklärt wird. Dem aus demselben Jahr 1954 stammenden Beistandspakt zwischen den USA und der Republik China ist dies soeben widerfahren...

Die USA haben, als sie jetzt die diplomatischen Beziehungen zur Volksrepublik China aufgenommen haben, sämtliche Bedingungen Pekings ohne jeden Abstrich erfüllt. Da die Volksrepublik China an den diplomatischen Beziehungen zu den USA stark interessiert war – hierzulande wird stets nur vom umgekehrten Interesse berichtet –, denn die Volksrepublik China will den Anschluß an den Westen gewinnen und gegenüber der Sowjetunion durch diplomatische Beziehungen zu den USA auftrumpfen, wäre es vernünftig gewesen, einige der Vorstellungen der freien Welt durchzusetzen. Dazu sollte immer auch gehören, daß uns an dem Fortbestand, deutlicher gesagt, am Überleben Taiwans sehr viel gelegen sein muß...

Nicht nur die Größe der Volksrepublik China, sondern auch und gerade die Wortführerin eines freien China der Zukunft, Taiwan oder Republik China genannt, sollte in unser politisches Urteilen und vor allem Handeln einbezogen werden. Nicht nur aus moralischen Gründen. Es könnte, in die Zukunft projiziert, auch ein folgenreicher politischer Fehler sein, wenn wir ohne Not Taiwan wie eine heiße Kartoffel fallen ließen.«

So weit Dr. Herbert Hupka. Mögen sich seiner Ansicht bald weitere Politiker unseres Landes anschließen – möge dieses Buch ein wenig dazu beitragen!

Hamburg, im Sommer 1979 Dr. Gerhard Schlesinger

Vorwort zur deutschen Ausgabe

Bei den in der vorliegenden Veröffentlichung enthaltenen Thesen handelt es sich im wesentlichen um Forschungsergebnisse, die ich in den letzten Jahren im Zusammenhang mit Vorträgen und Diskussionen im Kreise in- und ausländischer Freunde und Gäste erarbeitet habe. Mein Hauptanliegen dabei war, unter dem Gesichtspunkt der globalen Strategie die Bedeutung der Position Taiwans zu analysieren, um dadurch die internationalen Befriedungsapostel und politischen Traumtänzer zu überzeugen und gleichzeitig einen bescheidenen Beitrag zu leisten hinsichtlich einer Wiederherstellung des Weltfriedens und der Unantastbarkeit der menschlichen Kultur.

Die englische Ausgabe dieses Buches erregte gleich nach ihrem Erscheinen das Interesse des US-Senators Mr. Strom Thurmond, der den Senat der Vereinigten Staaten von Amerika auf ihre Bedeutung für die Sicherheit der USA hinwies; auf seinen Vorschlag hin ist diese Broschüre vom US-Senat als »remarkable document« angenommen und aufbewahrt worden. Seitdem hat sie die Aufmerksamkeit eines immer größer werdenden Kreises interessierter Menschen in aller Welt gewonnen und somit eine rasche und gründliche Verbreitung gefunden.

Durch die Aufnahme in die Protokolle des US-Senats hat sich die Nachfrage nach der Broschüre seitens meiner Freunde daheim und im Ausland erheblich verstärkt; der Vorrat an vervielfältigten Kopien war daher bald erschöpft. Um den Wünschen meiner Leser daheim und im Ausland gleichermaßen Rechnung zu tragen, hat die Morgendämmerung-Kultur-Verlagsanstalt eine synoptische Buchausgabe in chinesischer und englischer Sprache veröffentlicht; wenig später erbat einer meiner Freunde in der Bundesrepublik Deutschland, Dr. Gerhard Schlesinger, sich meine Zustimmung für die Veröffentlichung einer deutschen Ausgabe. Damit jedoch dem deutschen Leserkreis ein unverfälschtes Bild dieses vom US-Senat angenommenen historischen Dokuments erhalten bleibt, ist der sachliche Inhalt genau derselbe geblieben, ohne jegliche Verbesserung und Änderung des Textes.

Zum Schluß soll an dieser Stelle noch erwähnt werden, daß die in vorliegender Veröffentlichung dargestellten Gesichtspunkte und vorgeführten Analysen nur die Auffassungen des Verfassers wiedergeben und eine Verantwortung dafür allein vom Verfasser selbst übernommen wird.

Obwohl nunmehr zwischen den Vereinigten Staaten von Amerika und dem chinesischen Kommunisten-Regime diplomatische Beziehungen aufgenommen worden sind, haben sich dadurch die grundlegenden Erscheinungen der globalen Strategie – die bipolaren Konfrontationen von »Demokratie gegen Totalitarismus«, »Menschlichkeit gegen Unmenschlichkeit«, »liebevolle Politik gegen tyrannische Politik« – in keiner Weise verändert. Im Gegenteil: Die Sowjetunion wird niemals ruhig zusehen, wie sich die USA, Japan und das chinesische Kommunisten-Regime gegen sie verbünden; sie wird vielmehr ihre Bemühungen, die demokratische Welt zu sowjetisieren, noch weiter beschleunigen. Die Konflikte im Nahen Osten werden sich verstärken, die Kämpfe auf der indochinesischen Halbinsel werden sich weiter steigern, die zwar abgeschlossenen Verhandlungen von SALT II werden letztendlich keine erfolgreichen Resultate erzielen, sondern der Wettkampf im Bau strategischer Atomwaffen wird nur noch umfangreicher betrieben werden. Mit ihrem strategischen Grobfehler vom Dezember 1978 haben die Amerikaner der Welt lediglich noch mehr Unruhe und Durcheinander verschafft.

Die im vorliegenden Buch betonte strategische Bedeutung Taiwans, wo die Republik China ihr legales Verwaltungsrecht ausübt, ist durch den unglaublichen Verbund der Amerikaner und der Rot-Chinesen nicht ums geringste geschmälert worden; es liegt auf der Hand, daß Taiwans standhafte Position vielmehr für die Rettung der Welt nur noch wertvoller geworden ist. Bei ihren Diskussionen über die Aufnahme diplomatischer Beziehungen mit Rot-China haben die amerikanischen Kongreß-Abgeordneten jüngst einstimmig gerade auf diesen Punkt großen Wert gelegt, was beweist, daß ich mit meiner Auffassung recht habe.

Obwohl feststeht, daß die im vorliegenden Buch behandelten Thesen gewissen unveränderlichen Grundsätzen entsprechen, gibt es trotzdem nach der jeweiligen Lage auch verschiedene Richtlinien, die nicht verallgemeinernd festgelegt werden können. Deshalb habe ich die Absicht, nach der Herausgabe dieses ersten Bandes meiner Thesen noch einen zweiten und einen dritten Band zu entwickeln, um darin solche der veränderlichen Weltlage entsprechenden Richtlinien zu erforschen. So wie ich Herrn Dr. Schlesinger für seine Unterstützung zu Dank verpflichtet bin, wäre ich auch dankbar für diesbezügliche Ratschläge und Kritik der Fachleute und interessierten Leser daheim und im Ausland. Solche Beiträge für die beabsichtigte Herausgabe eines zweiten und dritten Bandes auszuwerten und zu nutzen, ist meine ernste Absicht.

Taipei (Taiwan),
Herbst 1979

Generaloberst Wego W. K. Chiang
Präsident
der Universität der Streitkräfte
der Republik China

I. Analyse der Weltlage und der globalen Strategie

Die Bedeutung einer strategischen Zielsetzung

Die Grundlage einer jeden Einschätzung von Lage, Planung und Aktion bildet die Zielsetzung. Sie ist von ausschlaggebender Bedeutung für denjenigen, der Entscheidungen zu fällen hat, sie bestimmt letztlich Sieg oder Niederlage. Hat der Verantwortliche kein festes Ziel oder verliert er sein Ziel aus den Augen, so sind alle seine Anstrengungen vergeblich, und er wird mit Sicherheit das Spiel verlieren.

Gefährlich ist andererseits auch eine unklare Zielsetzung; nicht minder gefährlich ist es, wenn die Mittel zur Erreichung eines Zieles bereits als das endgültige Ziel angesehen werden. Aus diesem Grunde erteilte unser verstorbener Präsident Chiang Kai-shek die Weisung: »Bei der Ausarbeitung eines militärischen Operationsplanes haben wir zuallererst das Ziel klar herauszustellen. Erst dann können Zeit, Ort und Art der Handlungsweise festgelegt werden sowie die Stärke der zu einer erfolgreichen Durchführung des Operationsplanes erforderlichen Einsatzkräfte.«

Von Napoleon stammt das Wort: »Eine Kriegführung unterliegt bestimmten Verfahrensweisen; jeder Krieg muß ein Ziel haben.« Schauen wir uns in unserer eigenen Welt um, dann sehen wir, daß jeder Staat seine eigenständigen nationalen Interessen hat, die verfolgt und vergrößert werden durch ihre nationalen Ziele. Ein nationales Ziel jedoch wird erreicht durch den Einsatz der verschiedenen Elemente nationaler Stärke, seien sie nun politischer oder wirtschaftlicher, psychologischer oder militärischer Art.

Aus diesem Grunde müssen wir, bevor wir eine bestimmte strategische Richtung einschlagen, zunächst einmal das eigene Ziel festlegen. Bei einer Überprüfung unserer Beziehungen zu bestimmten Gruppen, seien sie nun freundlicher oder feindlicher Natur, muß zunächst einmal klargestellt werden, welche Ziele die genannten Gruppen verfolgen. Stimmt ihre Zielsetzung mit der unsrigen überein, handelt es sich um Freunde. Stimmen ihre Ziele mit den unseren nicht überein und führt diese Nichtübereinstimmung zu einem Zusammenstoß oder zu absoluter Gegensätzlichkeit, so daß ihre Zielsetzung nachteilig und destruktiv auf unsere eigene wirken könnte, sind sie unsere Feinde. Eine unerläßliche Voraussetzung für das Studium und die Analyse jeder Strategie oder einer bestehenden Beziehung ist daher, unsere eigene Zielsetzung genau zu bestimmen und die Zielsetzung anderer klar zu erkennen. Daraus ergibt sich die Freund- beziehungsweise Feindbestimmung.

Zu entscheiden ist in einem solchen Fall:

a) Welches Ziel verfolgt mein Land?
b) Welche Gefahren drohen diesem nationalen Ziel, was steht unseren nationalen Interessen im Wege?

Nur so können wir im Inneren die Bevölkerung um uns scharen und unsere nationale Stärke festigen, um dem wahren und klar umrissenen nationalen Ziel – unter welchen Opfern auch immer – zuzustreben. Und nur so können wir außenpolitisch Freund und Feind und unseren eigenen Standort eindeutig bestimmen und dabei eine feste Position beziehen, um den Kampf für die Sache der Wahrheit und des Friedens für die Menschheit bis zum Ende zu führen.

Die Staaten der freien Welt haben in der Vergangenheit zwei grundlegende Fehler begangen: Sie haben ihre nationalen Ziele nicht klar herausgestellt, und sie waren nicht in der Lage, sich Klarheit über die wahren Ziele ihrer Gegner zu verschaffen.

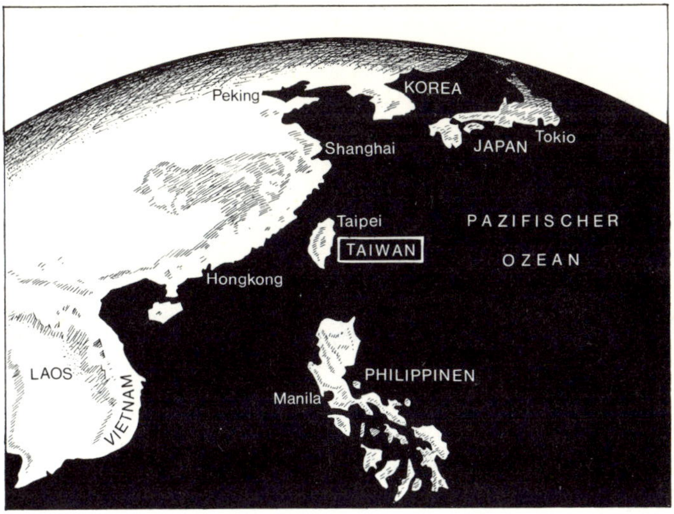

Taiwan liegt im Zentrum Ostasiens

Diese Fehler haben in der freien Welt zu geistiger Beunruhigung anstatt zu einer eindeutigen Linie geführt, zu einer verworrenen Situation, die nicht mehr erkennen läßt, wer Freund oder Feind, was richtig oder falsch ist.

Wenn ein Land nicht in der Lage ist, seinen Weg, sein nationales Ziel selbst festzulegen, dann kann man nicht von einem festen Standpunkt sprechen. Es gleicht, poetisch ausgedrückt, einem von Wind und Wellen umhergetriebenen Herzen, das sich an alles klammert, gleich, ob Freund oder Feind. Keinesfalls ist ein solches Land in der Lage festzustellen, welcher Staat das eigene nationale Ziel erkannt hat. Doch hierbei handelt es sich um mehr als nur um einen Fehler der freien Welt: es ist das tragische Verhängnis der Menschheit unseres Jahrhunderts.

TAIWAN
TAIWAN-STRASSE
Chilung
Taoyuan
TAIPEI
Hsinchu
Yilan
Miaoli
Changhua
Taichung
Hualien
Nantou
Yunlin
Penghu
Chiayi
PESCADORES-
INSELN
Nördl. Wendekreis
Tainan
Taitung
Pingtung
Kaohsiung
Lü Tao
Lan Hsu
Kilometer
0
50
100

Die »Rote Gefahr«, nicht die »Gelbe Gefahr« bedroht in Wahrheit unsere heutige Welt

Ein weiterer Kardinalfehler der freien Welt ist das Unvermögen, die Besonderheiten bestimmter Regionen und den historischen Hintergrund der verschiedenen Nationen in vollem Umfang zu verstehen. Auch dieses Unvermögen hat mit zu jener verworrenen Situation geführt, aus der heraus ein Staat nicht mehr deutlich zwischen Freund und Feind zu unterscheiden vermag.

China ist hierfür ein gutes Beispiel. Die Eroberungszüge Dschinghis Khans, die sich bis zu den heutigen Westgrenzen der Sowjetunion und Ungarns erstreckten, bedeuteten für die weiße Bevölkerung des damaligen Europa eine echte Katastrophe. Mit dem aus dieser Zeit stammenden Ausdruck »Gelbe Gefahr« versuchten sie, ihren Schrecken vor dem Ansturm der gelben Rasse zu artikulieren. An dieser Einstellung hat sich bis heute nichts geändert. Die Völker des Westens halten unentwegt an der irrigen Vorstellung fest, daß die gelbe Rasse aggressiv sei.

Bedauerlicherweise sind sie sich nicht im klaren darüber, daß die überwältigende Mehrheit der Chinesen, besonders die Bewohner Zentralchinas, von altersher ein friedliches Volk waren. Bei den Gefolgsleuten Dschinghis Khans, die auszogen, um mit ihm Europa zu erobern, handelte es sich um einen Minderheitenstamm an der nördlichen Grenze, die Mongolen. Diese Minorität beherrschte später Zentralchina und fand als die Yüan-Dynastie Eingang in die chinesische Geschichte. Für uns ist dies jedoch alles Vergangenheit. Diejenigen, die mit Dschinghis Khan zur Eroberung Europas auszogen, waren kriegslüsterne Mongolenstämme und nicht Angehörige der Mehrheit, des chinesischen Volkes nämlich. Doch heutzutage sind nicht einmal mehr die Mongolen das, was sie einmal waren. Indes – man sollte bei alledem nicht vergessen, daß im Verlauf der Entwicklung der gesamten menschlichen Kultur alle Stammesgruppen sowohl des Westens als auch des Ostens an Aktionen territorialer Expansion beteiligt waren. So gesehen war die chinesische Rasse im Verhältnis zu anderen Völkern eine der friedlichsten.

Obwohl sich die Kontakte der Chinesen über den gesamten Erdball erstreckten, handelte es sich dabei ausschließlich um Unternehmungen friedlichen Charakters, um Handels- und Wirtschaftsbeziehungen, niemals um politische oder militärische Aggression. Selbst wenn wir einräumen, daß einmal der eine oder andere aggressive Akt stattgefunden haben mag, so sollten wir bedenken, daß in jenen Zeiten sowohl der Westen als auch der Osten territoriale Expansionen betrieben hat. Seit rund einem Jahrhundert werden derartige Aktionen von der internationalen Gemeinschaft der Staaten und Völker nicht mehr toleriert. So konnten – nach der Überwindung jener gewaltigen Kriegsereignisse, die Europa in früheren Jahrhunderten verwüstet hatten – der Erste und der Zweite Weltkrieg nur durch den Wahnsinn und den krankhaften Ehrgeiz einiger weniger entstehen. Deren Akte wahnwitziger Aggression riefen jedoch unter den Völkern der Erde eine starke Opposition hervor, und zum Schluß entkamen sie nicht ihrer strengen Bestrafung.

Unseligerweise wurde jedoch dieser Aggressionswahnsinn, der das Wohl der gesamten Menschheit gefährdet, vom kommunistischen Machtbereich übernommen. In diesem Block ist das kommunistische Regime Chinas das dogmatischste, bösartigste und grausamste Element. Zu allem Unheil wird jedoch die Aggression der chinesischen Kommunisten fälschlicherweise mit der gelben Rasse und nicht mit dem internationalen

Kommunismus als einer neuen Aggressionsform identifiziert.

Diese neue Form der Aggression, die »Rote Gefahr«, hat viele Gebiete in der Welt heimgesucht. 111 Jahre sind vergangen, seit Karl Marx »Das Kapital« schrieb. Vor 61 Jahren entstand in Rußland der erste kommunistische Staat. Mit einer 111jährigen Theorie und einer 61jährigen Praxis hat die Woge der »Roten Gefahr« schon jetzt mehr als die Hälfte des Erdballs überflutet und mehr als 60 Millionen Menschen das Leben gekostet. Die jüngsten schrecklichen Massenmorde ereigneten sich in Kambodscha und Vietnam, nachdem diese Staaten den Kommunisten in die Hände gefallen waren.

Und die »Rote Gefahr« erstreckt sich immer weiter über den noch freien Teil der Welt. Die wahre Gefahr für den Frieden in der freien Welt und für die nationalen Interessen der Vereinigten Staaten von Amerika ist daher die »Rote Gefahr« des kommunistischen Blocks – und nicht etwa eine »Gelbe Gefahr«. Es wäre weder verständlich noch gerecht, wenn der Westen sich weiterhin ein falsches Bild vom chinesischen Volke macht und damit seine Aufmerksamkeit von der eigentlichen Gefahr ablenkt. Es würde ferner bedeuten, daß der Westen in seiner globalen Strategie einen fundamentalen Fehler begeht.

Es ist daher unsere aufrichtige Hoffnung, daß die weitblikkenden Staatsmänner und militärischen Führer der freien Welt begreifen, daß die Aggression der chinesischen Kommunisten durch die Ideologie des Kommunismus hervorgerufen wird und ihr Ursprung nicht in der chinesischen Kultur beziehungsweise in den charakterlichen Eigenschaften der chinesischen Rasse zu suchen ist. Die Essenz des traditionsreichen kulturellen Erbes des chinesischen Volkes ist »Freiheit, Gleichheit, Brüderlichkeit«. Der Weltfrieden und die Freiheit der Menschen können sich nur gründen auf die Wiedergewinnung des chinesischen Festlandes durch die Republik China, die Hüterin des kulturellen Erbes der Chinesen, und somit auf die wachsende Bedeutung und Stärke eben dieser Republik China. Daraus folgt, daß das richtige Konzept für eine globale Strategie heute nur in einer Zusammenarbeit der freien Welt mit der Republik China bestehen kann, um solchermaßen die »Rote Gefahr« vom Antlitz der Erde zu tilgen.

Zwei irrige Voraussetzungen

Da die Politiker der freien Welt keine klare Vorstellung vom Kommunismus und den Charakteristika kommunistisch regierter Länder haben und ganz besonders den enormen Unterschied zwischen russischen und chinesischen Kommunisten nicht verstehen, gehen sie von zwei irrigen Voraussetzungen aus, die da lauten:

a) Sowjetrußland hat seine politische Linie revidiert;
b) da Sowjetrußland eine derartige Revision durchgeführt hat, sind die chinesischen Kommunisten ebenfalls fähig und bereit, ihre politische Linie zu revidieren. Wenn die freie Welt nur fortfährt, in den entwickelten Gebieten das Beispiel eines vernunftgemäßen Daseins vorzuleben, werden die chinesischen Kommunisten davon beeinflußt und zur Revision angeregt.

Aus den vorgenannten Punkten geht hervor, daß zahlreiche Politiker der freien Welt der Überzeugung sind, Sowjetrußland habe seine Ziele inzwischen revidiert und dieser Prozeß dauere noch an. Richtig dagegen ist, daß die Theorie des Kommunismus Schwächen aufwies und daß die russischen Kommunisten durch das Beispiel der Lebensbedingungen in der freien Welt gezwungen waren, gewisse Änderungen vorzunehmen. Den

Menschen in der freien Welt ist dabei jedoch die Tatsache entgangen, daß diese Änderungen sich lediglich auf die Taktik erstrecken und daß sich am strategischen Ziel nicht das geringste geändert hat.

Das strategische Ziel der Sowjetunion ist und bleibt es, die gesamte Welt unter die Herrschaft des Kommunismus zu zwingen, ihr das politische System des Kommunismus und die damit verbundene Kollektivierung der Lebensweise aufzupfropfen. Dieser Drohung setzt die freie Welt weiterhin ihre traditionelle Philosophie entgegen. Man glaubt daran, daß jedem Lande die Freiheit zustehen muß, über seinen Lebensstil selbst zu entscheiden. Dabei kümmert es niemanden, für welche Lebensweise sich die kommunistischen Länder entschieden haben. Die Menschen der freien Welt machen sich lediglich Gedanken über ihren eigenen Lebensstil. Was in den kommunistischen Ländern vor sich geht, ist nicht ihre Angelegenheit.

Solches auf dem Gedanken der Gleichheit und des gegenseitigen Respekts basierende Verhalten ist zweifellos angebracht auf dem Gebiet der internationalen Beziehungen. Indes, Situation und Partner, mit denen man es hier zu tun hat, sind grundverschieden von denen der Vergangenheit. Die Feinde, denen sich die Staaten der freien Welt heute gegenübersehen, sind die heimtückischen und grausamen kommunistischen Länder. Mit Polizeigewalt erhalten sie ihre totalitäre Herrschaft und die kollektive Lebensweise in ihren eigenen Ländern aufrecht, und es ist darüber hinaus ihr erklärtes Ziel, alle Länder der Erde dem gleichen Schicksal zu unterwerfen.

Mit anderen Worten: Sie wollen die ganze Welt versklaven. Ihr System ist von seiner Natur her aggressiv. Ihre Absicht ist es, ein Leben der Vernunft in ein unmenschliches Dasein zu verwandeln, um ihre aggressiven Gelüste zu befriedigen. Dies alles jedoch wird von den Politikern der freien Welt einfach nicht wahrgenommen, und es wird von der übrigen Bevölkerung der freien Welt genauso übersehen.

Spricht man von Aggression, so sind zwei Arten zu unterscheiden. Die eine ist konventionell: Ein Land marschiert ganz öffentlich mit Waffengewalt in ein anderes Land oder Gebiet ein und zwingt die dortige Regierung, sich den aggressiven Bedingungen des Angreifers zu unterwerfen. Die andere Art ist unkonventionell: Hier bedient sich die Aggression des Mittels der Infiltration und Subversion, mit dessen Hilfe die Regierung eines anderen Landes verunsichert und unter Kontrolle gebracht werden soll, um sie letztendlich dazu zu bringen, die Bedingungen der Aggressoren zu akzeptieren.

Die Mehrheit der Bewohner der freien Welt ist lediglich mit der herkömmlichen Art der Aggression vertraut, sie kann daher die andere Art nicht verstehen und schenkt ihr keine besondere Beachtung. Nur die wenigsten sind sich darüber klar geworden, daß die kommunistische Welt in den vergangenen zwei Jahrzehnten zur Durchführung ihrer Expansionsbestrebungen je nach Lage die beiden Methoden der Aggression abwechselnd eingesetzt hat. Dabei kommt allerdings der Infiltration und Subversion die größere Bedeutung zu, denn auf diese Weise ist es gelungen, mehr und mehr Staaten und Gebiete der freien Welt unter kommunistischen Einfluß zu bringen, ohne daß die anderen Staaten dadurch sonderlich in Aufregung versetzt worden wären.

Es ist schon seltsam: Obwohl das Kerngebiet der Welt derzeit vollständig in den roten Fluten untergegangen und hinter dem Eisernen Vorhang verschwunden ist, haben doch viele Politiker der freien Welt das Gefühl, daß »die Welt immer noch genügend Raum für sie bietet«. Sie erkennen nicht, daß Infiltration und Subversion durch den kommunistischen Block die Ursache für die nacheinander erfolgte Kommunisierung vieler

Länder der freien Welt war. Sie glauben immer noch daran, daß Sowjetrußland und die chinesischen Kommunisten ihre Politik revidiert haben, um den Weltfrieden zu fördern. Und sie engagieren sich unverdrossen für Verhandlungen, Beschwichtigungspolitik, ja sogar eine Normalisierung der Beziehungen mit den Kommunisten. Naiv wie sie sind, hoffen sie anscheinend immer noch darauf, daß »die kommunistischen Länder sich eines Tages doch wandeln werden«.

Kommen wir nun zu der zweiten irrigen Voraussetzung der freien Welt. Man glaubt dort, daß »die chinesischen Kommunisten aus sich heraus einen Wandel vollziehen werden«. Dies ist freilich illusorisch. Seit 29 Jahren bis auf den heutigen Tag haben die chinesischen Kommunisten ihre tyrannische Herrschaft über das Festland ausgeübt, und es gibt nach wie vor kein Anzeichen für eine Revision. Ich bin fest davon überzeugt, daß es für die chinesischen Kommunisten völlig unmöglich ist, überhaupt einen Wandel zu vollziehen, und zwar weder heute noch in der näheren oder ferneren Zukunft.

Die chinesischen Kommunisten fürchten die Gefahren, die ihnen aus einer Revision erwachsen könnten: Man könnte sie als Zeichen ihrer Kapitulation vor den Drei Grundlehren des Volkes auslegen. Die chinesischen Kommunisten befinden sich hier in einer besonders heiklen Situation, die in krassem Gegensatz zu der Lage der russischen Kommunisten steht. Wenn die russischen Kommunisten, wie bereits geschehen, ihre Taktik revidieren, ihr strategisches Ziel hingegen unverändert bleiben lassen, so wird davon ihr kommunistischer Standpunkt nicht im geringsten berührt.

Bei den chinesischen Kommunisten dagegen liegen die Verhältnisse anders, denn auf dem chinesischen Festland besteht immer noch das früher einmal gelegte starke Fundament für die Drei Grundlehren des Volkes. Diese gründen auf der althergebrachten politischen Philosophie der Chinesen, ökonomische Probleme wie überhaupt die gesamte Lebensweise der Bevölkerung mit Güte zu regeln. In der Ära des Konfuzius wurde diese traditionelle politische Philosophie oder Ideologie herausgearbeitet, niedergeschrieben und fest im Volk verwurzelt. Bisher hat die kommunistische Ideologie in China noch nicht Fuß gefaßt. An dieser Stelle sollte uns klar werden, warum die chinesischen Kommunisten an Konfuzius Kritik üben und ihn verdammen, ja sogar die Tyrannei des ersten Kaisers der Chin-Dynastie (221–206 v. Chr.) lobend hervorheben, das konfuzianische Gedankengut hingegen bekämpfen. Dessen Weiterbestehen nämlich, so fürchtete Mao, würde die Menschen immer wieder an die Drei Grundlehren des Volkes erinnern. Um den auf dem Festland verbliebenen Menschen jeden Gedanken daran gründlich auszutreiben, scheute Mao keine Mühe, die Kritik an Konfuzius und die Lobpreisung des Chin-Kaisers zu fördern, um damit unsere traditionelle Kultur und politische Philosophie zu zerstören.

Sollten die Kommunisten auf dem Festland irgendeine Revision durchführen, sollten sie in ihrer unmenschlichen Dogmatik bezüglich der Auseinandersetzung mit wirtschaftlichen und existentiellen Fragen des Volkes auch nur die geringste Nachgiebigkeit zeigen, dann bestünde die Möglichkeit, daß sich der Gedanke an die Drei Grundlehren des Volkes neu belebt und eine allgemeine Renaissance der traditionellen chinesischen Kultur anhebt. Ein noch so bescheiden und unscheinbar wirkender Beginn einer Revision könnte eine Wirkung hervorrufen, der das Regime nicht gewachsen wäre; das Festland würde, poetisch ausgedrückt, zum »Schauplatz einer unkontrollierbaren Flut als Ergebnis eines Dammbruchs am Gelben Fluß«. Aus diesem Grunde können die chinesischen Kommunisten auf dem Festland nur noch unbarmherziger und grausamer werden. Sie werden ihre harte und tyrannische Herrschaft weiter verstärken und niemals eine wie auch immer geartete Revision durchführen.

Vielen Staaten und Politikern der freien Welt ist dieser grundsätzliche Unterschied zwischen dem russischen und dem chinesischen Kommunismus fremd. So kamen sie zu irrigen Voraussetzungen, auf denen sie beharren, was wiederum zu falschen Konzeptionen in ihrer nationalen Strategie führt. So werden sie zu tragischen Opfern ihrer eigenen Politik: Sie beugen sich dem Willen ihres Feindes, tanzen nach seiner Pfeife, lassen sich nach Belieben manipulieren und drücken dem Feind zuguterletzt selbst noch das Messer in die Hand, mit dem er sie umbringen wird.

Überblick über Erfolge und Fehlschläge zweier Formen der Kriegführung

Die heutige Situation ist ein klarer Beweis für die Richtigkeit der These, nach der in der Kriegführung Initiative zum Sieg, Passivität hingegen zur Niederlage führt. Ebenso ist erwiesen, daß die Länder des kommunistischen Blocks mehr als einen Sieg errangen, weil sie ihre Kriege nach der Devise des »Divide et impera«, des Teilens und Herrschens, führten. Und es ist eine der Ironien der Geschichte, daß der kommunistische Block nicht selten nur deshalb siegreich war, weil die freie Welt das Geschäft der Teilung selbst besorgte.

Erwiesen ist ebenfalls, daß die Länder der freien Welt nur deshalb überall Niederlagen einstecken mußten und bis an den Rand des Krieges gedrängt wurden, weil sie – um eben einen Krieg zu vermeiden – stets einseitig das Prinzip eines »Gleichgewichts der Kräfte« vertreten haben. Trotz der blutigen und demütigenden Lehren von Kambodscha und Vietnam sind sie immer noch nicht in der Lage, ihren Fehler zu erkennen, und klammern sich weiterhin an jenes Prinzip des »balance of power«. Daß sie einen Krieg vermeiden wollen, ist natürlich begrüßenswert, und es sei ihnen weiterhin das Recht zugestanden, darauf zu hoffen. Aber es ist ein Wunschtraum, wenn sie daran glauben, durch das »Gleichgewicht der Kräfte« einen Krieg verhüten zu können. Ich glaube, daß die Hoffnung, wir könnten einen Krieg vermeiden, für uns alle notwendig ist – Wunschträume freilich sind wenig nutzbringend.

Man kann aus dem Zylinder eines Zauberkünstlers keinen Elefanten hervorholen; ebensowenig kann aus dem »Gleichgewicht der Kräfte« ein dauerhafter Frieden erwachsen. Im Gegenteil: die Folge wird immer ein Krieg sein. Die Geschichte lehrt uns, daß zwei Länder, deren Ideologien sich diametral gegenüberstehen oder deren Interessen miteinander in Konflikt geraten, den Punkt erreicht haben, der zum Kriege führen kann, wenn ihre Kräfte gleich stark sind. Ein typisches Beispiel hierfür bietet unsere eigene Geschichte in der »Periode der Kriegführenden Staaten« während der letzten 200 Jahre der Chou-Dynastie (1122–221 v. Chr.): das Streben der sieben mächtigen Fürstentümer um die Vorherrschaft zeigt, wie ein »Gleichgewicht der Kräfte« zu Krieg und Aufruhr führt.

Ein anderes Beispiel der neueren Geschichte bietet Japan. Als die japanische Flotte im Pazifik während des letzten Krieges der Pazifikflotte der Vereinigten Staaten an Stärke ebenbürtig geworden war, stürzte sich Japan in den Krieg mit den Vereinigten Staaten, um die Vorherrschaft im Pazifik zu erringen. Wenn ein Land um des Gleichgewichts der Kräfte willen das Streben von zwei anderen Staaten nach eben diesem Gleichgewicht verursacht hat, wächst auch die Gefahr eines Krieges zwischen den Rivalen. Jedes der beiden Länder hegt die Furcht, daß das andere plötzlich stärker sein könnte und dadurch die eigene strategische Stellung bedroht. Als Folge der zwischen ihnen ausbrechenden Eifersucht werden sie ihr Kriegspotential vergrößern, um einen plötzlichen Angriff des Gegners zu verhüten.

Diese Tendenz zum Streben nach der Vorherrschaft läßt sich durch Verhandlungen, Übereinkommen oder Gespräche nicht einfach begrenzen oder unterbinden. Die Rivalität wird andauern, bis eine gewisse Parität erreicht ist. In diesem Augenblick wird eine der Parteien die Gelegenheit zum ersten Schlag nutzen und die Waffengewalt entscheiden lassen, wer von beiden überlebt. Aus diesem Grunde ist es meiner Ansicht nach unmöglich, auf dieser Erde ein echtes »Gleichgewicht der Kräfte« zu erreichen. Angenommen aber, daß es einmal dazu käme, so könnte dadurch weder ein Krieg vermieden noch der Friede herbeigeführt werden. Im Gegenteil: Es kann nur Krieg bringen und den Frieden zerstören.

Drei enorme finanzielle Ausgaben und deren psychologische Wirkung auf die Bevölkerung

Im Zuge der gegenwärtigen Konfrontation rivalisieren die freie Welt und der kommunistische Block um die Expansion ihrer Macht. Dabei haben die finanziellen Lasten dieser Bestrebungen ein besorgniserregendes Ausmaß erreicht und erstrecken sich insbesondere auf die nachfolgenden drei Bereiche:

a) Verteidigungsausgaben:
   Ein modernes strategisches Waffensystem ist sehr teuer. Von der Entwicklung über Herstellung, Einsatz und Abnutzung entstehen Kosten in beispielloser Höhe. Bewegt sich

der Trend auf beiden Seiten in Richtung atomarer Vernichtungswaffen, dann wird die finanzielle Belastung beider Parteien stetig drückender und unaufhörlicher. Eine solche Art des Wettrüstens dürfte kaum durch Verhandlungen oder Gespräche zu beenden sein.

b) Unterstützung von Alliierten in verschiedenen Gebieten: Beide Seiten haben alles unternommen, um ihre Alliierten im Rahmen des Möglichen zu unterstützen. Allerdings hat die Unterstützung, die die freie Welt ihren Verbündeten gewährt, einen rein defensiven Charakter. Wird aber auf diese Weise ein Frieden erreicht, so kann es nur ein zeitlich begrenzter Friede sein. Hingegen verfolgt der kommunistische Block mit der Unterstützung seiner Alliierten aggressive und offensive Ziele. Was sie erlangen wollen, ist nicht etwa ein zeitweiliger Friede, sondern der Weltkommunismus. Das ist ihr Endziel, von dem sie keinen Augenblick abweichen. So sind Art und Zweck der Unterstützung, die die beiden Parteien ihren Satelliten angedeihen lassen, zwar unterschiedlich, verursachen aber auf beiden Seiten die gleichen ungeheuren finanziellen Belastungen.

c) Die finanziellen Ausgaben für Infiltration und Subversion der freien Welt durch den kommunistischen Block und die Kosten der freien Welt zur Abwehr dieser Aktionen:
Die oben erwähnten finanziellen Belastungen sind für beide Seiten zwar außerordentlich hoch, doch ist die psychologische Wirkung dieser Kosten auf die Bevölkerung des kommunistischen Blocks bedeutend geringer. Weil die politischen Systeme der beiden Parteien völlig verschieden sind, so unterscheiden sich auch ihre ökonomischen Strukturen.

In der kommunistischen Volkswirtschaft gehört aller Besitz dem Staat, und alle Erträge werden ebenfalls vom Staat kontrolliert. Daher weiß die Bevölkerung nichts über die Staatsausgaben und hat auch kein Recht, hierzu Fragen zu stellen, ganz gleich, welche Höhe diese Ausgaben erreichen. Daher haben hohe Ausgaben für sie auch keinen psychologischen Effekt.

c) In der freien Welt hingegen gehören mit Ausnahme der Steuern alle Erträge der Bevölkerung. Will die Regierung ihre Ausgaben erhöhen, bleibt nur der Weg über höhere Steuern, die letzten Endes von der Bevölkerung aufgebracht werden müssen. Dies hat sehr direkte psychologische Auswirkungen auf die Bevölkerung, die drückende Steuerlasten nur widerwillig auf sich nimmt. Außerdem muß in der freien Welt eine Regierung zunächst die Zustimmung der Volksvertretung einholen, bevor sie über Steuergelder verfügen kann. Die Bevölkerung wird davon unverzüglich unterrichtet, so daß ein etwaiger Mißbrauch sich sofort in einer Negativreaktion der Öffentlichkeit niederschlagen wird.

c) Hieraus ergibt sich, daß die Völker des kommunistischen Blocks weit weniger empfindlich auf Staatsausgaben reagieren als die Bewohner der freien Welt. Die Regierung eines kommunistischen Staates kann praktisch ohne Rücksicht auf die Bedürfnisse des Volkes handeln. In einem demokratischen Staat hat die Regierung den Willen des Volkes zu berücksichtigen beziehungsweise den der Volksvertretung, die gegenüber der Regierung eine Kontrollfunktion ausübt.

c) Darüber hinaus können im kommunistischen Block, besonders in dem vom kommunistischen Regime Chinas beherrschten Gebiet, Staatsausgaben auch noch mit anderen als vom Volke abgepreßten Mitteln bestritten werden. Eine Regierung kann beispielsweise erhebliche Summen am unbegrenzten Anbau von Mohn verdienen, der zur Opiumgewinnung dient. Der Handel mit Rauschgift etwa dient den Zwecken der chinesischen Kommunisten auf zweifache Weise: Mit den Erträgen werden Infiltration und Subversion in der freien Welt finanziert. Des weiteren bewirken jene Opiate eine Schwächung der freien Welt – sie führen zum Zusammenbruch der menschlichen Gesellschaft, der psychologischen Haltung der Menschen und nicht zuletzt der Wirtschaft. Der letzte Schlag wird durch geschickte politische Subversion geführt: In dem zum Ziel erwählten Gebiet entsteht eine unsichere politische Situation, die das Leben des ganzen Landes paralysiert. Diese Rückschläge können in der freien Welt zu folgenden Konsequenzen führen:

- Da die Bevölkerung die wirtschaftliche Belastung psychologisch nicht mehr ertragen kann, greift sie, zu deren Beendigung, zum Mittel der endgültigen Auseinandersetzung. Noch einmal: Die Wahl des »Gleichgewichts der Kräfte« als Verzögerungsstrategie, um Zeit für die Lösung akuter Probleme zu gewinnen und einen Nominalfrieden zu erreichen, bedeutet in Wirklichkeit, Maßnahmen zu ergreifen, die unweigerlich zum Krieg führen müssen.
- Da die Bevölkerung die finanzielle Belastung nicht mehr ertragen kann, schwindet das Vertrauen zur Regierung; das Volk verliert Geduld und Interesse, wird staatsverdrossen und indifferent – ein moralischer Tiefstand der Nation ist die Folge, der in der Regel zu ihrem Untergang führt. Ohne Gegenmaßnahmen wird die Moral der Leute immer tiefer sinken, es entstehen soziale Unruhen im Innern, die körperliche und geistige Zerrüttung der Menschen durch

Kommunismus und Drogen sowie die politische Unsicherheit erhöhen sich von Tag zu Tag. Das Ergebnis kann nichts anderes sein als eine allgemeine Unsicherheit in der freien Welt – eine Situation, die die Kommunisten mit Sicherheit dazu benutzen werden, um Regierungen zu stürzen, Regierungswechsel herbeizuführen oder Bürgerkriege anzuzetteln. Tritt hier keine Änderung ein, ist das Schicksal der freien Welt schon jetzt besiegelt: Selbst wenn sie nicht kommunisiert werden sollte, so wird sie doch ohne Zweifel von der kommunistischen Welt dominiert werden.

Die wahre Ursache der Probleme in der Welt

Ich habe kurz auf die drei großen finanziellen Belastungen sowie auf die beiden möglichen Konsequenzen hingewiesen, die die Länder der freien Welt bedrohen. Wollen die freien Staaten diese Konsequenzen vermeiden, dann müssen sie die Probleme in allen Teilen der Welt realistisch betrachten und dürfen sie nicht wie bisher vor sich herschieben. Sie sollten sich darum bemühen, die Probleme, mit denen sie heutzutage konfrontiert werden, nicht auf zweckdienliche Art zu lösen, sondern vom Prinzip her, andernfalls werden sie niemals Erfolg haben. Sie werden sich dann vielmehr einem neuen Weltkrieg gegenübersehen, den sie ganz sicher nicht wünschen.

Wir Chinesen besitzen zwei Sprichwörter, die uns davor warnen, ein Problem nur nach den Maßstäben der Zweckmäßigkeit und nicht vom Prinzip her lösen zu wollen, das heißt, dem Übel nicht auf den Grund zu gehen. Das eine heißt: »Behandle den Kopf des Patienten, wenn er über Kopfschmerzen klagt, und behandle die Füße, wenn er wunde Füße hat.« Das andere Sprichwort lautet: »Man kann die Suppe über dem

Feuer nicht am Kochen hindern, wenn man zur Abkühlung in den Kessel bläst.«

»Verzögerung« ist mit Sicherheit nicht die beste Strategie für die Länder der freien Welt, ihre Probleme zu lösen, und reine Zwecklösungen vertragen sich ebensowenig mit ihren Interessen. Die beste Lösung eines Problems ist stets, die Ursachen zu ergründen und diese dann zu beseitigen. Es gibt noch ein anderes chinesisches Sprichwort: »Die Suppe hört am schnellsten auf zu kochen, wenn man das Feuer unter dem Kessel löscht.« Doch wo befindet sich in der gegenwärtigen Weltlage das Feuer unter dem kochenden Kessel?

Von Lenin stammt das Wort: »Der kürzeste Weg von Moskau nach Paris führt über Peking und Kalkutta.« Mit anderen Worten: Die von Sowjetrußland geplanten Schritte zur Kommunisierung der Welt haben als erstes Ziel die Republik China im Auge, dann folgen die koreanische und die indische Halbinsel. Dominiert der Kommunismus erst einmal in Asien, wird Europa eingeschlossen. Der nächste Schritt wäre dann die Kommunisierung Afrikas und Lateinamerikas. Und bei Vollendung dieses Plans wird Rußland die restlichen Teile der Welt gewiß nicht auslassen.

Man möge sich daran erinnern, daß der Korea-Krieg, das Ergebnis kommunistischer Aggression in Korea, bereits ein Jahr nach dem Zeitpunkt ausbrach, da das chinesische Festland in die Hände der Kommunisten gefallen war. Kurz danach überschwemmten die Kommunisten Vietnam, und ein langandauernder Krieg brach aus. Nach der Okkupation des chinesischen Festlands wurden dann nacheinander Burma und Indien in Grenzstreitigkeiten mit den chinesischen Kommunisten verwickelt. Und mittlerweile befinden sich auch ganz Vietnam und Kambodscha in den Händen einheimischer Kommunisten, die von ihren chinesischen und russischen Gesinnungsgenossen unterstützt werden. Der Pathet Lao, die Organisation der laotischen Kommunisten, hat im Kielwasser der Siege der Genossen in Vietnam und Kambodscha ohne jede Schwierigkeit die Macht in Laos an sich gerissen. Und in Thailand schließlich wird die kommunistische Bedrohung von Tag zu Tag spürbarer.

Innerhalb der kurzen Spanne eines Vierteljahrhunderts griffen kommunistische Infiltration und Subversion nicht nur in großen Teilen Asiens, sondern auch im Mittleren Osten, in Europa, Afrika und in Lateinamerika um sich. Als auslösendes Moment dieser Entwicklung kann die Übernahme des chinesischen Festlandes durch die Kommunisten angesehen werden. Seitdem die chinesischen Kommunisten das Festland beherrschen, leiden ganz Asien und viele Gebiete in anderen Teilen der Welt unter ständiger politischer Infiltration und militärischer Bedrohung durch den kommunistischen Block.

In dieser Periode erwies sich die Republik China als unerschütterlicher Vorposten der freien Welt zur Abwehr des Anpralls kommunistischer Aggression. Die Lage wäre noch viel ernster, wenn auch die Republik China den Kommunisten zum Opfer gefallen wäre. Wir sollten uns daher darüber klar sein, daß Sicherheit und Bedrohung der Republik China in gewisser Weise auch Sicherheit und Bedrohung der Staaten Asiens bedeuten und damit auch Sicherheit und Bedrohung der gesamten freien Welt. Die Frage, ob die Republik China in der Lage ist, das chinesische Festland wiederzugewinnen, ist damit in Wahrheit zum Angelpunkt für Ruhe und Unruhe, für Aufstieg oder Niedergang der Nationen Asiens, für Sicherheit oder Gefahr und letzlich für Glück oder Elend der gesamten Menschheit geworden.

Daraus ist zu folgern, daß die Wurzel der Weltprobleme in Asien liegt; die Wurzel der Probleme Asiens schließlich ist das chinesische Festland. Somit kann man die ganze Situation in dem einfachen Satz zusammenfassen: Die eigentliche Wurzel der Weltprobleme ist das chinesische Festland. Nur unter einer Bedingung kann die kommunistische Bedrohung in Asien beendet werden: wenn die Republik China in der Lage ist, das chinesische Festland zurückzugewinnen und dort eine konstitutionelle Regierungsform einzusetzen. Nur so lassen sich Krieg und Aufruhr in der Welt beenden, nur so rückt ein dauerhafter Frieden in greifbare Nähe. Dann könnte man auch die riesigen Summen, die bisher für militärische Belange ausgegeben werden mußten, konstruktiv zum Wohle der Menschheit einsetzen. Und nur dann wird die Menschheit in ein Zeitalter eintreten, in dem Frieden und Glück vorherrschen.

Die delikaten Beziehungen zwischen den chinesischen und den russischen Kommunisten

Wie ich bereits ausgeführt habe, liegt die Wurzel der Weltprobleme auf dem chinesischen Festland. Zum Verständnis der Weltlage ist es wichtig, die Beziehungen zwischen den chinesischen und den russischen Kommunisten zu untersuchen. In der Vergangenheit war Sowjetrußland der alleinige Führer des kommunistischen Blocks; es bestimmte Strategie und Taktik des Plans zur Kommunisierung der gesamten Welt sowie dessen Ausführung. Heute hingegen ist seine Führungsrolle durch die chinesischen Kommunisten ernstlich herausgefordert: Sowjetrußland hat seinen Plan zur Kommunisierung der Welt, die chinesischen Kommunisten jedoch wollen dieses Ziel auf ihre eigene Weise erreichen. Diese Rivalität um die Führung im kommunistischen Block hat zu äußerst komplizierten und heiklen Beziehungen zwischen Sowjetrußland und dem kommunistischen Regime Chinas geführt.

Auf Grund ihres Charakters, des kulturellen Hintergrundes und ihrer Weisheit ist es den Chinesen unmöglich, sich dem Willen anderer Völker zu unterwerfen; daher sind sie auch nicht leicht zu kommunisieren. Hätten die 800 Millionen Menschen auf dem Festland ihre traditionelle konfuzianistische Lebensauffassung sowie die auf den Drei Grundlehren des Volkes errichtete demokratische Regierung bewahren können, so hätten sie niemals eine unmenschliche Ideologie angenommen und wären niemals von anderen Menschen versklavt worden. Gleichzeitig würden sie niemals die Würde und das Selbstgefühl anderer Menschen verletzt haben.

Auf der Basis des gegenseitigen Respekts und der Reziprozität streben die Chinesen nach einer gemeinsamen Lebensgrundlage und Prosperität, um damit einen Zustand »friedlicher Ruhe« auf der Welt zu erreichen. Getrieben von einer kommunistischen Führung indes müssen sie sich entweder der Führung Sowjetrußlands unterwerfen oder aber sein Rivale in der Führung der kommunistischen Welt werden. Dies ergibt sich aus den Charakterzügen des kommunistischen Kampfes. Die unausweichliche Folge davon sind Zusammenstöße, Kampf und Konflikte zwischen den chinesischen und den russischen Kommunisten – eine Tatsache, die seit dem Fall von Kambodscha und Vietnam noch deutlicher geworden ist.

Zum gegenwärtigen Zeitpunkt sind es zwei Fakten, die den Mao-Kommunisten besonderen Kummer bereiten: einmal die anti-maoistischen und anti-kommunistischen Kräfte, die auf dem Festland für die Wiedererrichtung einer demokratischen und konstitutionellen Regierung arbeiten, zum anderen dürfen sie die russischen Kommunisten nicht aus den Augen lassen, da diese in ihren Bemühungen um Infiltration und Subversion des Festlandes nicht nachlassen. Sie haben sich gegen das Mao-Regime gestellt und versucht, es zu stürzen, um das kommunistische Regime Rot-Chinas in das politische Gefüge Sowjetrußlands einzugliedern. Dieser Kampf wird immer noch mit allen Mitteln fortgeführt.

Die obige Analyse macht meiner Ansicht nach eines klar: Die größte Bedrohung der freien Welt wäre eine Wandlung des chinesischen Festlandes vom Mao-Rot in ein Sowjet-Rot. Denn damit kämen zu den 1000 Millionen Menschen und den an sich schon umfangreichen Bodenschätzen der Sowjetunion und ihrer Satelliten noch die 800 Millionen Menschen und die riesigen Vorräte an Bodenschätzen, die das chinesische Festland beherbergt. Eine so geballte Masse von 1,8 Milliarden Menschen und die durch nichts in der Welt übertroffenen Bodenschätze der eurasischen Landmasse wären dann den 1000 Millionen Menschen und den wesentlich begrenzteren Bodenschätzen der freien Welt haushoch überlegen. Unter solchen Bedingungen ließe sich das sowjetische Ziel einer Kommunisierung der Welt unschwer verwirklichen.

Wird sich die freie Welt dieser latenten Gefahr nicht bewußt, verharrt sie bei ihrer Strategie eines »Gleichgewichts der Kräfte« und versucht sie es weiter mit Verhandlungen anstelle von Konfrontation zur Erhaltung des »status quo«, dann gewinnt der kommunistische Block wertvolle Zeit zur Konsolidierung seiner eigenen Kräfte und zur Überwindung von Meinungsverschiedenheiten in seinen eigenen Reihen. Ist dies erreicht und ist das kommunistische System Rot-Chinas in das politische Gefüge Sowjetrußlands eingeordnet, dann wird die freie Welt eines Tages nicht länger in der Lage sein, der Aggression des vereinigten kommunistischen Blocks zu widerstehen und kann nur noch aufgeben.

Es ist meine feste Überzeugung, daß eine größere Wahrscheinlichkeit dafür besteht, daß das Mao-Regime in die Sowjetunion eingegliedert wird, als daß es auf Grund der Anbiederungsversuche einiger Staaten der freien Welt dazu verlockt werden könnte, ein Mitglied eben dieser freien Welt zu werden. Überdies wird an der erstgenannten Möglichkeit mit weit höherem Elan gearbeitet als an der letzteren.

Wir sind heute Zeugen einer wachsenden Erstarkung des Chicom-Regimes (Chicom = Chinesischer Kommunismus). Das Regime selbst wird immer stärker und macht diese Stärke auch außerhalb seines Territoriums ständig fühlbarer. Werden die enorme Stärke und der große Einfluß des Chicom-Regimes eines Tages in die Sowjetunion integriert, dann werden seine Stärke und seine Einflußsphäre, die es heute besitzt, Stärke und Einfluß der Sowjetunion von morgen sein. Kann die freie Welt, die sich zum »Gleichgewicht der Kräfte« bekennt, dieses wünschen und sich damit abfinden? Man sieht, ein »Gleichgewicht der Kräfte« ist der sicherste Weg zur Heraufbeschwörung eines Krieges. Es ist sozusagen genauso närrisch wie das Tolerieren einer latenten gefährlichen Krankheit, der man schließlich unweigerlich erliegt.

Wenden wir uns der Frage zu, ob ein direkter militärischer Zusammenstoß zwischen dem Chicom-Regime und Sowjetrußland stattfinden wird. Erstens: Ist das Chicom-Regime sehr viel schwächer als Sowjetrußland, so werden die russischen Kommunisten die chinesischen Kommunisten beherrschen, und Konfrontation und Konflikt sind unmöglich. Zweitens: Wird das Chicom-Regime allmählich immer stärker, dann werden die Sowjets entweder losschlagen, bevor das Peking-Regime stark genug geworden ist, um eine echte Bedrohung zu bedeuten, oder Sowjetrußland wird einen Zusammenstoß erzwingen, wenn das »Gleichgewicht der Kräfte« bei den Chinesen fast erreicht ist. Auf keinen Fall wird Sowjetrußland zulassen, daß das Chicom-Regime zu stark wird. Auch hieraus ist klar ersichtlich, daß das »Gleichgewicht der Kräfte« die Zündschnur zu einem Krieg ist.

Allerdings ist sich Sowjetrußland darüber im klaren, daß ein überstürzter Einmarsch seiner Streitkräfte in das chinesische Territorium auf dem Festland zur Herbeiführung einer Entscheidung mit dem Chicom-Regime nur zu einer gegenseitigen Vernichtung der Streitkräfte beider Seiten führt. Die freie Welt könnte der Nutznießer einer solchen Situation werden ähnlich dem sprichwörtlichen Fischer (der der lachende Dritte war im Kampf des Eisvogels mit der Muschel).

Aus diesem Grunde ist trotz der zwischen den beiden kommunistischen Regimes bestehenden Interessenkonflikte der Ausbruch eines großen Krieges zwischen ihnen unwahrscheinlich. Die Tatsache nämlich, daß bisher kein größerer Krieg zwischen ihnen ausbrach, ist ein klarer Hinweis auf die delikaten Beziehungen zwischen den beiden Regimes, die sich in ihren unheilvollen Plänen gegen die freie Welt ergänzen. Den günstigsten Augenblick nutzend, marschieren sie beide – wie in einer Pantomime – gegen die freie Welt auf. Und ihr Opfer ist und bleibt die freie Welt.

Der Umstand, daß beide Regimes ein Komplott gegen die freie Welt führen, läßt uns erkennen, daß dies niemals ein Anlaß zum Zusammenstoß zwischen ihnen sein wird. Der Entscheidungskampf wird erst stattfinden, wenn sie gemeinschaftlich die Nationen der freien Welt kommunisiert haben – und die entscheidenden Gebiete unter ihnen hundertprozentig. Dann werden sie möglicherweise alle Kräfte gegeneinander einsetzen im Entscheidungskampf um die Weltherrschaft.

Die freie Welt und die gesamte Menschheit würden das Opfer ihres unmenschlichen Versuchs, ein weltumspannendes Reich der Sklaverei zu errichten; jene aber, die mit dem Feuer spielen – die kommunistischen Regimes selber – werden mit ins gemeinsame Verderben gezogen werden.

II. Die Bedeutung Taiwans für bestimmte Staaten und Gebiete

In meiner Analyse der Weltlage und der globalen Strategie habe ich mehrfach auf die Bedeutung der Republik China im globalen Rahmen hingewiesen. Im zweiten Teil meiner Ausführungen möchte ich auf die Bedeutung eingehen, die Taiwan – der Sitz der Republik China – für bestimmte Staaten und Gebiete hat.

1. Für Nord- und Südamerika, insbesondere für die USA:
Taiwan liegt im Mittelpunkt der vordersten Verteidigungslinie im Westen, die sich von Japan bis Singapur erstreckt. Da die Supermächte verständlicherweise davor zurückschrecken, sich in einen mörderischen Atomkrieg verwickeln zu lassen, dürfen sich die Vereinigten Staaten nicht nur auf ihre Verteidigungsstützpunkte im mittleren Pazifik oder auf ihr U-Boot-Potential verlassen. Auch Raketen sind unter diesen Umständen keine endgültige Lösung, und Flugzeugträger sind zu leicht verwundbar. Aus diesem Grunde wurden die von Nord nach Süd reichenden Inseln und Halbinseln entlang der Küste Ostasiens nicht nur die vorderste Vorposten- oder Frühwarnsystemlinie, sondern bilden in Wahrheit die am weitesten westlich liegende Verteidigungslinie Amerikas. Ich bezeichne sie als »ESJAY Line« (von Singapur bis Japan) mit der Insel Taiwan im Mittelpunkt. Taiwan bildet daher das strategische Zentrum für die Sicherheit der amerikanischen Staaten im Westen.

2. Für Nordostasien, insbesondere für Japan:
Taiwan ist der Angelpunkt der strategischen Westflanke in Japans maritimer Sicherheitszone, an die sich die sogenannte Nationale Sicherheitslinie im Süden anschließt. Obgleich Ja-

pans Stärke seit Jahren auf Industrie und Handel beruht, die das Land zu großem Wohlstand gebracht haben, ist es doch hinsichtlich seiner Rohstoffe zum größten Teil auf Importe angewiesen. Seine Industrieprodukte müssen über See zu den Weltmärkten transportiert werden. Wäre Taiwan den Gegnern Japans in die Hände gefallen, hinge das Schicksal Japans heute von der Gnade seiner Gegner ab.

3. Für Südostasien:
Taiwan bildet den kritischen strategischen Punkt im äußersten Norden. Bei einer möglichen Aggression aus dieser Richtung müßte der Aggressor hier als erstes angreifen, weshalb der Verteidiger hier standhalten muß. Beim Angriff auf Südostasien während des Zweiten Weltkrieges nutzte Japan die Insel Taiwan als Operationsbasis. Im Falle eines Angriffs hängt das Schicksal dieses ganzen Gebietes davon ab, ob Taiwan auf der Seite der freien Welt steht.

4. Für Australien und Neuseeland:
Die Verbindungen Australiens und Neuseelands zu Asien und Amerika hängen vornehmlich davon ab, ob die Staaten Südostasiens von befreundeten Regierungen geführt werden. Sollte Taiwan in die Hände feindlicher Mächte fallen, würden Australien und Neuseeland von Asien, ja sogar von Amerika isoliert. Taiwan ist ganz offensichtlich der Schlüssel zu diesem Problem.

5. Für die indochinesische Halbinsel:
Taiwan kann der freien Welt als Stützpunkt dienen für die Kräfte, die die strategische Flanke bilden gegen eine mögliche Aggression aus dem Gebiet der indochinesischen Halbinsel oder nördlich dieses Gebiets mit südlicher Stoßrichtung auf Malaysia und Singapur. Für eine Wiedereroberung Vietnams und Kambodschas durch die Kräfte der freien Welt bietet sich Taiwan ebenfalls als geeigneter Stützpunkt an.

6. Für die Flottenstrategie im Pazifik und im Indischen Ozean: Das Gebiet Südostasien (einschließlich der Länder Singapur, Malaysia, Indonesien, Thailand und Burma) beherrscht beide Küsten der Straße von Malakka. Hier ist der Schlüssel für die Durchführung oder Verhinderung eines zeitgerechten Einsatzes der Marinestreitkräfte der Supermächte im Pazifik und im Indischen Ozean. Auf Grund der Einsatzmöglichkeiten des strategischen Bombers B-1 und der Luft-Boden-Rakete Harpoon hat der Indische Ozean für die freie Welt an Bedeutung gewonnen. Von der Insel Diego Garcia aus liegt das gesamte Gebiet des Indischen Ozeans innerhalb der Reichweite dieser Bomber und Raketen, was um so bedeutungsvoller wird, als sich inzwischen fast die gesamten afrikanischen und asiatisch-indischen Küstengebiete im russischen Einflußbereich befinden. Die Entscheidung, wohin Südostasien steuert, hängt somit wieder von der Schlüsselstellung Taiwans ab.

7. Für die Pazifik-Flotte der Sowjetunion:
Der Heimathafen der russischen Pazifik-Flotte liegt in der Nähe von Wladiwostok. Selbst wenn es dieser Flotte gelingen würde, sich einen Weg durch die blockierte Tsushima-Straße (Straße von Korea) zwischen Japan und Korea zu erzwingen, so könnte sie trotzdem einem Angriff der in den Gewässern um Taiwan wartenden Streitkräfte der freien Welt nicht entgehen. Ein Versuch, durch dieses Gebiet nach Süden vorzudringen, würde eine Entscheidungsschlacht nach sich ziehen. Bei einer Linksschwenkung in Richtung auf den Pazifik würde ihre strategische Flanke im Gebiet um Taiwan ernsthaft exponiert. Es wäre ein schwerwiegender Fehler, würde die freie Welt die strategischen Vorteile, die Taiwan hier bietet, außer acht lassen.

8. Für Sowjetrußland:
Sowohl die Sowjetunion als auch das kommunistische China

haben Bodentruppen in Millionenstärke entlang der sibirischen Grenze und der Grenze der Äußeren Mongolei postiert. Des weiteren haben sie dort eine große Anzahl von Raketen und starke Luftstreitkräfte zusammengezogen. Durch die Streitkräfte der Republik China werden derzeit mindestens 600 000 Mann der Chicom-Streitkräfte im Südosten des chinesischen Festlandes gebunden, was einen anderweitigen Einsatz, etwa an der nördlichen Grenze, verhindert. Würden die Chicom-Streitkräfte nicht durch die Republik China immobilisiert, betrüge ihre Überlegenheit über die russischen Streitkräfte 1,5 : 1.

Die Festigung des Chicom-Regimes auf dem Festland und die Verstärkung der Chicom-Truppen an der chinesisch-russischen Grenze könnten Sowjetrußland dazu bringen, militärische Präventivmaßnahmen zu ergreifen – nach russischer Terminologie: einen »Präventivkrieg« zu führen. Herrscht dagegen auf dem chinesischen Festland eine demokratische Regierung, dann werden von der Sowjetunion keinerlei militärische Aktionen eingeleitet. In einem solchen Fall könnte Sowjetrußland auf die altvertrauten Methoden der Infiltration und Subversion zurückgreifen und müßte nicht übereilte militärische Aktionen beginnen.

Das chinesische Festland aber befindet sich jetzt unter kommunistischer Herrschaft. Mehr noch: es rivalisiert mit der Sowjetunion um die Hegemonie bei der Kommunisierung der Welt. Je stärker das Chicom-Regime wird, desto größer wird auch die Bedrohung gegenüber Rußland – das kann Rußland nicht tolerieren!

Wie ich jedoch bereits erwähnte, wird Rußland, um der freien Welt nicht den Vorteil des sprichwörtlichen Fischers einzuräumen, den Entscheidungskampf verzögern, bis die gesamte Welt kommunistisch geworden ist. Entscheidet es sich aber für Präventivmaßnahmen, wird Rußland wahrscheinlich das Chicom-Regime auf dem Festland angreifen, bevor es zu stark wird. Nur dann nämlich kann die Sowjetunion ihres Erfolges sicher sein, ohne ihre westliche Front gegenüber den westeuropäischen Staaten zu lange zu entblößen. Ein Angriff der Sowjetunion auf das chinesische Festland würde die folgenden strategischen Konsequenzen nach sich ziehen:

a) Für den Pazifik und den Indischen Ozean:

Die russische Marine kann ihre Pazifikflotte nach Süden verlegen mit einem Stützpunkt irgendwo an der Ostküste des chinesischen Festlandes oder am nördlichen Abschnitt der chinesischen Küste. Dann liegt der Pazifik offen vor der russischen Flotte, die damit in die Lage versetzt wird, die Länder Amerikas, Australiens, Asiens und Afrikas zu bedrohen, soweit sie am Pazifischen oder Indischen Ozean liegen.

b) Für Europa:

Hat Sowjetrußland das Ziel seiner Aggressionspolitik im Osten erreicht, kann es seine Offensive gegen den Westen richten. Sein nächstes strategisches Ziel wird dann konsequenterweise Westeuropa sein. Daraus folgt, daß jede Aktion oder Aktivität, sei sie bewußt oder unbewußt, die die Position der chinesischen Kommunisten stärkt oder ihr internationales Ansehen erhöht, Sowjetrußland zu einem früheren Losschlagen in Form einer Offensive gegen das chinesische Festland reizen wird. Die freie Welt sollte die von mir hier aufgezeigten Konsequenzen keinesfalls ignorieren.

9. Für die Überseechinesen:

Für die Gebiete, in denen Überseechinesen leben, ist es von entscheidender Bedeutung, welche Haltung und Ideologie eben diese Überseechinesen einnehmen, ob sie konstruktiv mitarbeiten oder destruktiv tätig sind. Je höher die Zahl der Überseechinesen in dem jeweiligen Gebiet, desto größer ist ihr Einfluß. Ihr Verhalten und ihre Überzeugungen werden weitgehend beeinflußt durch die auf Taiwan herrschende Regierungsform. Die Regierungen und Völker der Staaten, in denen Überseechinesen leben, brauchen sich erst dann mit diesem Problem nicht mehr zu beschäftigen und erhalten eine Garantie für ihre Sicherheit, wenn das Festland zurückgewonnen ist.

10. Für die Wiedergewinnung des chinesischen Festlandes:
Die Hoffnungen der Menschen auf dem Festland basieren auf der demokratischen Regierung der Republik China sowie auf der Freiheit und dem Wohlstand der Bevölkerung Taiwans. Ihr Mut und ihre Entschlossenheit, den Kommunismus zu bekämpfen, werden gestärkt durch das Versprechen, das ihnen der verstorbene Präsident Chiang Kai-shek gegeben hat: die Zurückgewinnung des Festlandes und die Wiedererrichtung eines neuen China auf den Drei Grundlehren des Volkes. Quemoy und Matsu, die beiden Inseln vor der Küste des Festlandes, sind die Medien, durch die es der Republik China möglich ist, die Hoffnungen der Menschen auf dem Festland immer wieder neu zu beleben. Vor allem aber ist der Name der Republik China der Schlüssel zur Wiedergewinnung des chinesischen Festlandes! Im nächsten Abschnitt werde ich auf diesen Punkt näher eingehen.

11. Letztes und zugleich wichtigstes Argument: Für die Sicherheit der Welt im großen und ganzen:
Zunächst einmal sollten wir unseren Blick richten auf die Analyse des Standpunktes der freien und der kommunistischen Welt unter Bezugnahme auf die drei wichtigsten Elemente des Krieges und die Erläuterung der drei geostrategischen Theorien (siehe Exkurse 1 und 2).

Es kann nicht übersehen werden, daß die kommunistische Welt von Anfang an im Herzen des eurasischen Festlandes eingebettet war, die Ozeane hingegen jedem weit offen stehen. Das Schicksal der freien Welt wird sich daher in den Randgebieten entscheiden. Im ersten Teil meiner Ausführungen habe ich hingewiesen auf die Aktionen des kommunistischen Blocks bei seinen Versuchen, die Randgebiete einzuschließen. Sobald Asien unter kommunistische Herrschaft geraten ist, würde Westeuropa, die industrielle Basis der freien Welt, eingeschlossen. Würde sich der Kampf um die Vorherrschaft in Europa, dem westlichen Arm der Mondsichel, oder im Nahen Osten, dem südwestlichen Unterleib derselben, abspielen, dann würde dies die Interessen aller europäischen Staaten sowie der USA berühren, und von beiden Supermächten würden enorme Kräfte an Menschen und Kapital eingesetzt werden. In einem solchen Falle wäre es schwierig, den Erfolg der einen oder der anderen Seite vorauszusagen. Mehr noch: die Gefahr eines neuen Weltkrieges und vor allem eines totalen Atomkrieges wäre riesengroß.

Würde sich der Kampf in Indochina, dem südöstlichen Unterleib der Mondsichel, oder auf dem chinesischen Festland, dem östlichen Arm der Mondsichel, abspielen, dann wäre es die Kernfrage, ob das chinesische Festland dem demokratischen oder dem totalitären Block zufiele. Läßt die freie Welt es zu, daß das chinesische Festland unter kommunistischer Kontrolle bleibt, dann ist die Gefahr, daß das chinesische Festland Sowjetrußland zufällt, ungleich größer als die Möglichkeit, daß es sich den Reihen der anti-totalitären und demokratischen Staaten anschließt. Greift der totalitäre Block von seinem Herzland aus in die Sphäre des demokratischen Blocks ein, dann kann dies nur über die offene See erfolgen, was nach internationalem Recht keinen aggressiven Akt darstellt. Jeder Versuch des demokratischen Blocks hingegen, in die Sphäre des totalitären Blocks einzudringen, würde als Aggression gegenüber dem

Territorium und dem Luftraum des Gegners angesehen. Dies ist nach internationalem Recht nicht zulässig. Es ist zugleich ein Nachteil, mit dem sich die demokratische Welt abfinden muß. Und es erklärt auch, weshalb ein Krieg zwischen den osteuropäischen und den westeuropäischen Staaten unwahrscheinlich ist.

In Ostasien, dem östlichen Arm der Mondsichel, hat die freie Welt zum Glück auf dem chinesischen Territorium einen Trumpf besonderer Art: die Republik China. Im ersten Teil meiner Ausführungen habe ich erläutert, daß die Chancen und Möglichkeiten für eine Eingliederung des Chicom-Regimes in die Sowjetunion sehr viel größer sind als seine Chancen, ein Mitglied der freien Welt zu werden, so lange die Nationen der freien Welt um das Wohlwollen des Chicom-Regimes buhlen. Die Sache sieht jedoch ganz anders aus, wenn man die Republik China mit ins Spiel bringt.

Wir wollen hier einen Vergleich ziehen zwischen den Anstrengungen, die im Namen einer legitimen souveränen Regierung, der der Republik China nämlich, gemacht werden, das chinesische Festland zurückzugewinnen und eine demokratische Regierung zu errichten, und den Anstrengungen zur Sowjetisierung des chinesischen Festlandes. Natürlich ist das erstere leichter als das letztere. Die Wiedereinsetzung unserer nationalen Verfassung und die Wiedererrichtung der demokratischen Regierung auf dem chinesischen Festland sind für das chinesische Volk eine innere Lebensnotwendigkeit. Die Nationen der freien Welt müssen dem zustimmen oder dürfen zumindest dazu nicht in Opposition stehen. Denn das Streben der Menschen auf dem Festland nach Freiheit und Glück entspricht ganz allgemein den Wünschen und der Natur der Menschen.

Die Fakten sind zahlreich und allgemein bekannt. Nach Chicom-Statistiken und offiziellen, in den Chicom-Zeitungen veröffentlichten Berichten ereignet sich im Durchschnitt alle drei Minuten ein Aufstand. Ich brauche an dieser Stelle nicht in Einzelheiten zu gehen, aber ich möchte doch darauf hinweisen, daß nach einem Vierteljahrhundert, bevor wir das Festland verließen, und nach weiteren mehr als 25 Jahren trauriger, blutiger Erfahrung die Menschen auf dem Festland stärker als je zuvor festhalten an der Verfassung der Republik China, die sich auf die Drei Grundlehren des Volkes gründet, nämlich »vom Volk, durch das Volk und für das Volk«. Tatsächlich ist die Republik China mit ihrem gegenwärtigen Sitz in Taiwan das eigentliche Symbol, die Hoffnung und die Garantie der Menschen auf dem Festland in ihrem Streben nach dem Glück.

Es würde als ein Akt der Aggression betrachtet werden, wenn irgendein Staat – mit Ausnahme der Republik China – einen Angriff auf das chinesische Festland unternähme. Wie ich bereits am Schluß von Punkt 10 erwähnt habe, ist der Name der Republik China die strategische Trumpfkarte für die Wiedergewinnung des chinesischen Festlandes. Es unterliegt keinem Zweifel, daß die gesamte totalitäre Welt diese Wahrheit begriffen hat. Daher würde jeder Versuch, den Namen »Republik China« auszulöschen, der freien Welt einen tödlichen Schlag versetzen.

Um es zu rekapitulieren: So lange das chinesische Festland Mao-rot ist, so lange besteht auch die Möglichkeit, daß es Sowjet-rot wird. Daraus folgt, daß die Rückkehr des chinesischen Festlandes in den Schoß der freien Welt der Schlüssel sein wird zu einer leuchtenden Zukunft für die gesamte Welt. Nur unter dem Namen der Republik China indes kann die Aufgabe der Rückführung des chinesischen Festlandes in die demokratische Welt erfolgreich durchgeführt werden. Bleiben die führenden Kräfte des demokratischen Blocks weiter passiv und lassen sie das chinesische Festland in die Hände Sowjetrußlands fallen, dann begehen sie einen tragischen Fehler, der ihnen von der Weltgeschichte niemals verziehen werden kann.

Exkurs 1: Kurze Einführung in die drei wichtigsten geostrategischen Theorien – als Grundlage für die oben angeführten Argumente

Die Seemacht-Theorie

Die Seemacht-Theorie wurde von dem hervorragenden amerikanischen Marineoffizier Alfred T. Mahan in seinem Buch »The Influence of Sea Power upon History, 1660–1783« aufgestellt. Seine Theorie ist das Ergebnis tiefschürfender Untersuchungen der allgemeinen sowie der maritimen Geschichte von der Mitte des 17. Jahrhunderts bis zum Ende der napoleonischen Kriege. Der Zeitabschnitt von 1660 bis 1783 wurde gewählt, weil er die Geburt der modernen europäischen Staaten und ihren Kampf um Existenz und Vormachtstellung einschließt.

Auf Grund eines intensiven Studiums dieser Ära kommt Mahan zu dem Schluß, daß ein ununterbrochener Wettkampf um die Vorherrschaft zur See stattfand, daß die Beherrschung der Seehandelswege nicht nur in der Vergangenheit, sondern für alle Zukunft der Schlüssel zur Weltmacht ist, und daß »Seemacht« von entscheidenderer Bedeutung ist als »Landmacht«, wobei eine klare Unterscheidung zwischen Seemacht und Marinemacht zu treffen sei. Der Begriff »Seemacht« bezieht sich nicht nur auf militärische Stärke zur Beherrschung der Meere, sondern auf die ebenso wichtigen Gebiete des friedlichen Handels und der Schiffahrt, woraus allein eine Militärflotte normal und auf gesunder Basis sich entwickeln kann und sicher ruht. Ein sich stetig ausweitender Außenhandel ist notwendig für die nationale Stärke und Prosperität. Um erfolgreich am weltweiten Wettbewerb um Märkte teilnehmen zu können, braucht eine Nation eine starke Handelsflotte und eine leistungsfähige Marine zu deren Schutz.

Der Begriff »Seemacht« schließt daher Marineverbände und Marinestützpunkte rund um den Erdball ein, ebenso wie Handelsschiffahrt und Seehandel. Unter Bezugnahme darauf legt Mahan dar, daß die Seemacht eines Staates aus drei Elementen besteht: der Fähigkeit zu produzieren, einer eigenen Handelsschiffahrt mit einer Marine, die in der Lage ist, diese Handelsschiffahrt zu schützen, und Märkten zur Aufnahme der überschüssigen Produktion.

Die Herzland-Theorie

Die Herzland-Theorie wurde zum ersten Male von Sir Halford J. Mackinder in seinem Buch »The Geographical Pivot of History« vertreten und in einem weiteren Buch des gleichen Autors, »Democratic Ideals and Reality«, noch weiter herausgearbeitet. Nach Ansicht Mackinders ist die Zeit der Vorherrschaft der Seemächte vorbei, sie wurde von einer Ära der Landmächte abgelöst, wobei die größte Landmasse der Erde, das ungeheure Gebiet Eurasiens, den natürlichen Mittelpunkt dieser Epoche bildet. Er bezeichnete dieses Gebiet als den »Angelpunkt der Weltpolitik« oder das »Herzland« im Mittelpunkt der »Weltinsel«. Das Herzland ist die zentrale Region Europas und Asiens, weit entfernt und außerhalb der Reichweite von jeder Seemacht. Zu ihr gehören die Ostsee, die schiffbare mittlere und untere Donau, das Schwarze Meer, Kleinasien, Armenien, Persien, Tibet und die Mongolei.

Außerhalb dieses Angelpunkt-Gebietes oder Herzlandes unterscheidet Mackinder zwischen zwei »Mondsicheln«. Auf der großen »inneren Mondsichel« liegen Deutschland, Österreich, Indien und China, während die »äußere Mondsichel« durch Großbritannien, Südafrika, Australien, die Vereinigten Staaten, Kanada und Japan verläuft.

Zwar entspricht die Stärke des Herzlandes nicht der Stärke der an der Peripherie liegenden Staaten, doch Mackinder formuliert seine größte Sorge folgendermaßen: »Dies könnte geschehen, wenn Deutschland sich mit Rußland verbündet. In einem solchen Fall könnte sich der Staat des Herzlandes über die Randstaaten Eurasiens ausbreiten, den kontinentalen Rohstoffreichtum zum Flottenbau benützen, womit der Grundstein zu einer die ganze Welt beherrschenden Macht gelegt wäre.« Mackinder selbst hat seine Theorie in den folgenden, oft zitierten Sätzen zusammengefaßt:

»Wer Osteuropa regiert, beherrscht das Herzland;
wer das Herzland regiert, beherrscht die Weltinsel;
wer die Weltinsel regiert, beherrscht die Welt.«

Die Randland-Theorie

Die Randland-Theorie wurde von Professor Nicholas John Spykman entwickelt. Aus seinen Arbeiten ist zu ersehen, daß er auf Grund sorgfältiger Untersuchungen der Lage seines Landes, der Vereinigten Staaten, zu der Überzeugung gelangte, daß die Sicherheitspolitik der USA unrealistisch und unzureichend sei und daß sein Land durch das Außerachtlassen des geographischen Faktors einen bedeutenden Pfeiler für die Sicherheit übersähe.

Professor Spykman untersuchte ferner die Politik der Vereinigten Staaten in bezug auf die Verteidigung der Hemisphäre, eine Politik, die vor dem Zweiten Weltkrieg in den USA lebhaften Beifall fand als der beste Weg, eine Verwicklung in europäische Kriege zu vermeiden. Oberflächlich betrachtet spricht vieles dafür. Die ausgedehnten Küsten und die riesigen Dimensionen des Atlantischen und des Pazifischen Ozeans schienen ein nahezu unüberwindliches Bollwerk gegen eine Invasion aus Europa oder Asien zu bilden, und die ungeheuren Rohstoffquellen der westlichen Hemisphäre schienen die Amerikaner unabhängig zu machen von jeder Zufuhr aus dem Ausland. Alles, was die USA zu tun hatten, so schien es, war die Freiheit des Panama-Kanals zu schützen und abzuwarten, bis ein Angreifer in die Reichweite ihrer Geschütze geriet.

Die von Professor Spykman erarbeitete Analyse beweist jedoch überzeugend die Gefährlichkeit einer solchen Illusion. Gegen den entschlossenen Angriff einer Macht oder einer Gruppe von Mächten, die das europäische Festland beherrschen, sind die Chancen der USA, sich auf ihrer Seite des Atlantik verteidigen zu können, außerordentlich gering. Nur mit Hilfe einer britischen Flotte, die die absolute Vorherrschaft im Atlantik und im Pazifik besitzt, und unter Einbeziehung der Britischen Inseln als vorgeschobene Basis gegen den europäischen Kontinent hätten die Vereinigten Staaten eine sichere Überlebenschance.

Für Spykman ist der wichtigste Faktor der amerikanischen Sicherheit die Frage, wer die Randgebiete Europas und Asiens beherrscht. Sollten diese Gebiete in die Hand einer einzelnen Macht oder einer Mächtegruppe fallen, die den Vereinigten Staaten feindlich gesinnt ist, würde die daraus resultierende Einschließung für die USA eine große Gefahr bedeuten, wie stark auch immer die amerikanische Armee oder Marine sein mag. Aus diesem Grunde sollten die Vereinigten Staaten die

Situation in Europa und Asien sorgfältig beobachten und eine Außenpolitik verfolgen, die von vornherein jede mögliche Bedrohung ausschließt.

Exkurs 2: Kurze Analyse der Positionen der freien und der kommunistischen Welt im Hinblick auf die drei wichtigen Elemente des Krieges

Da die Militärstrategen im allgemeinen Geographie, Bewaffnung und Menschenpotential als die drei Elemente betrachten, die Erfolg oder Niederlage in einem Krieg bestimmen, sei jetzt eine kurze Analyse der Positionen der freien und der kommunistischen Welt im Hinblick auf diese Elemente unternommen.

1. Eine Analyse im Hinblick auf die geographische Lage: Da der menschliche Erfindungsgeist die großen physikalischen Merkmale der Geographie nicht zu ändern vermag, kann ein bestimmtes Gebiet durch die damit verbundene Beherrschung eines geographischen Standortes häufig einen zentralen strategischen Einfluß auf die benachbarten Länder oder Gebiete ausüben. Ein derartiger geostrategischer Vorteil kann die Position eines Landes oder Gebietes innerhalb der internationalen Positionen herausheben und sich in besonderen Beziehungen und Einflußnahmen niederschlagen, die häufig zu Allianzen oder zu Kriegen Anlaß geben können.

Die Geschichte bietet hierfür unzählige Beispiele. Die Dardanellen etwa bieten den einzigen Zugang der russischen Schwarzmeerflotte zum Mittelmeer; das Ringen um die Kontrolle über die Dardanellen führte zum Krimkrieg. Die Niederungen Westeuropas (Holland und Belgien) werden seit undenklichen Zeiten eine »Arena der europäischen Mächte« genannt. In den vergangenen Jahrhunderten lieferte dieses Gebiet ein Schlachtfeld nach dem anderen, getränkt mit dem Blut der europäischen Jugend. Ein Königreich Belgien mit den beiden Staatssprachen Flämisch und Französisch wurde schließlich als eine Art Pufferzone zwischen den beiden Mächten Holland und Frankreich errichtet. Durch den Besitz Gibraltars und des Suezkanals konnte Großbritannien in der Vergangenheit seine Vorherrschaft im Mittelmeer aufrechterhalten, und die britische Marine war dadurch in der Lage, ihre Verbände auf der kürzesten Route zwischen dem Atlantik und dem Indischen Ozean operieren zu lassen.

Historisch gesehen war Böhmen der ewige Zankapfel zwischen den Ländern Ost- und Westeuropas. Wer immer dieses Land beherrscht, kann damit operieren wie mit einem Schwert, dessen Spitze sich auf das Herz des Gegners richtet. Darum war, als die Völker der Tschechoslowakei und Ungarns sich erhoben, Sowjetrußland auch gezwungen, seine Maske abzuwerfen: es konnte sich nicht mehr seiner üblichen Methode bedienen, andere seine Schlachten schlagen zu lassen, sondern mußte mit seinen eigenen Streitkräften die Revolten niederschlagen.

Die Vereinigten Staaten werden von zwei Ozeanen begrenzt. Einzig und allein dank der US-Kontrolle über den Panama-Kanal, den kürzesten Seeweg zwischen den beiden Ozeanen, können die amerikanischen Flottenverbände im einen oder im anderen Ozean schnell zusammengezogen werden. Dabei bietet jedoch die Weite der Ozeane keine absolute Verteidigungsmöglichkeit. Der Blick der Vereinigten Staaten muß sich über die Ozeane hinweg richten auf der Suche nach Verbündeten an den Küsten der beiden Kontinente Europa und Asien, damit die nationale Sicherheit der USA erhalten bleibt.

Die Sicherheit Großbritanniens hängt von Holland, Belgien und dem nördlichen Frankreich als Pufferzone ab. Die Sicherheit dieser Gebiete wiederum steht in engem Zusammenhang mit dem Verhältnis Westdeutschlands zur freien Welt. Als sich das Dritte Reich im Zweiten Weltkrieg gegen die gesamte Welt stellte, trat die strategische Bedeutung dieses Gebietes klar zutage. In dem Augenblick, als Westdeutschland ein Mitglied der freien Welt wurde und Front machte gegen den totalitären Block, wurde sein Stellenwert von der freien Welt unverzüglich anerkannt und es erhielt in reichem Maße Unterstützung.

Als das kaiserliche Rußland sich nach Osten wandte, um einen Zugang zum Meer zu suchen, wurde zu Beginn dieses Jahrhunderts der russisch-japanische Krieg ausgelöst. Die Sicherheit des japanischen Mutterlandes hängt von Korea und den nordöstlichen Provinzen Chinas als Pufferzone ab. Und demgemäß basiert die Sicherheit des japanisch-koreanischen Gebietes auf der Frage, ob das chinesische Festland auf der Seite der freien oder der kommunistischen Welt steht.

Die Reichweite der modernen Waffen hat sich außerordentlich erhöht; die Geschwindigkeiten sind derart gesteigert, daß sie mit »Mach« gemessen werden; der Lufttransport erreicht ebenfalls immer größere Reichweiten bei sich laufend steigernder Nutzlast und Geschwindigkeit. Die Vereinigten Staaten können sich aber neben ihren Raketen und Satelliten nicht nur auf ihre Vorherrschaft auf den beiden Ozeanen verlassen, sie müssen vielmehr ihre Verteidigungsvorposten bis an die fernen Küsten der beiden Ozeane vorschieben, um zur Garantie ihrer Sicherheit über ein weitreichendes Frühwarnsystem zu verfügen. Sowohl die USA als auch Sowjetrußland haben ihre Radarstellungen im Norden bis in die Arktis vorgeschoben, um dort einander aufmerksam zu beobachten. Seit geraumer Zeit kämpfen sie auch um die Vorherrschaft im Weltraum – auf beiden Seiten nichts anderes als der Versuch, die geographischen Fesseln abzuwerfen.

Mit der seit dem 19. Jahrhundert einsetzenden Entwicklung geostrategischer und geopolitischer Konzepte ergab sich eine zunehmend stärkere Würdigung des Einflusses geographischer Faktoren auf die Anwendung der Strategie. Dies bezieht sich gleichermaßen auf die »Große Strategie« wie auf die nationale, die militärische und die Feldstrategie. Als Folge davon traten nacheinander allerlei neue Theorien in Erscheinung, zu deren wichtigsten die oben (in Exkurs 1) ausführlich erläuterten Theorien von Mahan, Mackinder und Spykman gehören. Nach Admiral Mahans Seemacht-Theorie kann man sagen, daß die Überlegenheit noch auf seiten der freien Welt liegt, da sie – mit den Vereinigten Staaten als Mittelpunkt – immer noch, wenn auch knapp, die Überlegenheit zur See besitzt. Nach Mackinders Herzland-Theorie liegt die Vorherrschaft bei Sowjetrußland und seinen Satelliten, da sie sich im Herzland festgesetzt haben. Nach Spykmans Randland-Theorie ist die Zwischenregion zwischen dem Herzland und den angrenzenden Meeren die Drehscheibe, die die globale strategische Lage eines Staates beeinflußt. Das Binnenland benötigt Korridore, um mit der Außenwelt Kontakt halten zu können, und die Marine braucht Häfen zum Anlegen, zur Wartung und Reparatur sowie zum Nachschub für ihre Schiffe.

Wer daher die Vormachtstellung in diesem Gebiet besitzt, hat folgerichtig die Überlegenheit sowohl zu Lande als auch zur See. Aus diesem Grunde haben die freie und die kommunistische Welt in den vergangenen drei Jahrzehnten um die Überlegenheit in diesen Gebieten gerungen, ohne daß es einer der beiden schon gelungen wäre, eine entscheidende Oberherrschaft herbeizuführen.

2. Eine Analyse im Hinblick auf die strategischen Waffen: Militärisch gesehen bezieht sich der Ausdruck »strategische Waffen« auf die Vorräte an Kernwaffensystemen und Atomsprengköpfen. Nach einer vom »U. S. News and World Report« im Jahre 1973 veröffentlichten Aufstellung besitzen die USA und Sowjetrußland zusammen mehr als 100 Milliarden Tonnen nuklearen Potentials. Sowjetrußland verfügt dabei über die größeren Atomsprengköpfe (die größten gehören zur 25-Megatonnen-Klasse, während die größten der USA zur 10-Megatonnen-Klasse gehören); die Zahl der amerikanischen Atomsprengköpfe hingegen übersteigt die der Sowjetunion um ein Mehrfaches. Bei den Abschußsystemen führt Sowjetrußland im ICBM (Bodenabschuß) und AMM, die USA hingegen haben immer noch einen erheblichen Vorsprung hinsichtlich der Leistung der Raketen (wie etwa die »multiple-warheads-independent-targetability«, »MIRV«) und ihrer Genauigkeit, bei den Unterwasser-Raketen und bei der strategischen Luftwaffe. Zieht man alle diese Fakten in Erwägung, dann sind beide Seiten etwa gleich stark.

3. Eine Analyse im Hinblick auf das Menschenpotential: Ziehen wir zunächst das riesige Menschenpotential des chinesischen Festlandes nicht mit in Betracht. Wir wissen, daß die Bevölkerungszahl sowohl der USA als auch Sowjetrußlands über 200 Millionen beträgt. Der Unterschied ist sehr gering. Die Bevölkerungszahlen der USA zusammen mit ihren Verbündeten (mit denen sie Verträge zur gegenseitigen Verteidigung unterhalten), wie etwa den NATO-Staaten, den CENTO-Staaten, den SEATO-Staaten, den ANZUS-Pakt-Staaten, den zur OAS gehörigen Staaten sowie einigen, mit denen sie bilaterale Verträge abgeschlossen haben, summieren sich auf rund eine Milliarde. Aber auch die Bevölkerungszahlen Sowjet-

rußlands und seiner Satellitenstaaten sowie der Staaten, mit denen es Verträge abgeschlossen hat, wie Syrien, Irak und Indien, belaufen sich auf insgesamt etwa eine Milliarde. Es besteht also auch hier ein gewisses Gleichgewicht.

Schlußfolgerung:
Aus den vorstehenden Analysen und Vergleichen mit Hinblick auf die erwähnten drei Faktoren geht hervor, daß bis heute keine der beiden Seiten eine entscheidende Überlegenheit über die andere besitzt. Daraus ergibt sich die besondere Bedeutung der 800 Millionen zählenden Bevölkerung des chinesischen Festlandes. Nehmen wir an, daß sich in keinem der beiden Lager die Kräfteverhältnisse durch Zersetzung oder Neutralisation verändern, dann werden die 800 Millionen, welcher Seite sie sich auch immer zuwenden mögen, in der heutigen bipolaren Konfrontation eine entscheidende Rolle spielen.

Hierzu folgende Überlegungen: Die chinesischen Kommunisten haben weit mehr Truppen unter Waffen als die USA und etwa die gleiche Zahl wie Sowjetrußland, zuzüglich einiger Atomwaffen (deren Zahl ohne Zweifel noch sehr gering ist), doch sie haben mit diesen Tatsachen niemals geprahlt. Stattdessen haben sie häufig mit ihrer Bevölkerungsstärke von 800 Millionen und ihren zwei Millionen Milizsoldaten renommiert, die sie ihre »Super-Atombombe« nennen. Die strategische Bedeutung ihrer psychologischen Kriegführung steht außer Frage. Leider haben die Versöhnungspolitiker im demokratischen Lager die 800 Millionen nur im negativen Sinn zur Kenntnis genommen, als eine Tatsache, ja sogar eine schreckliche Tatsache, besitzen dabei aber nicht genug Vernunft, eben diese 800 Millionen zu benutzen, um das Gleichgewicht zu unserem Vorteil kippen zu lassen.

III. Eine kurze Analyse der zukünftigen Strategie der Vereinigten Staaten in den Räumen Asiens, des Pazifischen und des Indischen Ozeans

Der Fall Vietnams und Kambodschas hat in allen Teilen der Vereinigten Staaten ein tiefgreifendes Gefühl der Niederlage und der Demütigung ausgelöst und zu einer Neueinschätzung der Lage durch den Präsidenten, den Außenminister, den Verteidigungsminister und den Kongreß geführt. Werden sich die USA weiterhin der Tatsache bewußt sein, daß Ostasien und Westeuropa für sie von strategischer Bedeutung sind, und wenn dem so ist, soll der Schwerpunkt in Ostasien liegen? Wie wird die zukünftige amerikanische Strategie in den asiatischen Gebieten des Pazifik und des Indischen Ozeans aussehen? Und welchen Platz nimmt Taiwan in der amerikanischen Gesamtstrategie ein? Diese Fragen beschäftigen die Menschen in unserem Teil der Welt. Die folgende Analyse stellt einen Versuch dar, diese Fragen zu beantworten.

1.

Das Gebiet der Vereinigten Staaten liegt auf dem Neuen Kontinent, der auf beiden Seiten von Ozeanen begrenzt ist. Die Weiten der Ozeane indes sind nicht länger mehr ein Bollwerk zur Sicherung und zum Schutz der weltweiten Interessen der USA. Unbestreitbar liegt der Schlüssel zur amerikanischen Sicherheit und zum Schutz amerikanischer Interessen in der Frage, wer die eurasischen Landmassen, die sogenannte »Weltinsel«, beherrscht. Um eine Gefährdung ihrer Sicherheit und der Interessen ihrer Bevölkerung durch Feindseligkeiten und Aggressionen aus dem Innern des eurasischen Festlandes zu verhüten, müssen die USA sich die Kooperation der Länder jenseits der beiden Ozeane, in Westeuropa und Ostasien, sichern. Daraus folgt, daß die Sicherheit der USA und die Sicherheit dieser beiden Regionen eine gemeinsame und untrennbare Sache ist.

Sollten die Vereinigten Staaten einen Abzug aus Nordost- und Südostasien in Erwägung ziehen, dann würde dies ihre Sicherheit ebenso gefährden wie ein Abzug aus Nordwest- oder Südwesteuropa. Betrachtet man den asiatischen Abschnitt des Gesamtbildes, dann ist Taiwan, der Sitz der Republik China, das genau im Angelpunkt der Verbindung zwischen Nordost- und Südostasien liegt, aufs engste verknüpft mit der Sicherheit der USA. Vor allem seit Vietnam und Kambodscha in die Hände der Kommunisten gefallen sind, ist die strategische Bedeutung Taiwans in Beziehung auf die globale amerikanische Strategie noch mehr in den Vordergrund gerückt.

2.

Nach dem spektakulären Debakel auf der indochinesischen Halbinsel können die Vereinigten Staaten ihre Glaubwürdigkeit nur erhalten oder gar verstärken, wenn sie in Westeuropa und Ostasien feste Positionen beziehen. Es ist klar erkennbar, daß die USA in Nordwest- und Südwesteuropa neue Verpflichtungen eingegangen sind, und es ist ebenso offensichtlich, daß in Nordost- und Südostasien Kontakte aufgenommen worden sind. Werden jedoch im Hinblick auf den strategischen Angelpunkt Taiwan keine entschlossenen Maßnahmen ergriffen, dann könnte der Schaden, der durch dieses Versäumnis dem strategischen Gesamtkonzept der USA zugefügt wird, später nicht mehr sehr leicht zu beheben sein.

3.

Da die Zukunft der Vereinigten Staaten vom Schicksal der eurasischen Landmasse abhängt, müssen sie aufmerksam über ihre Sicherheit sowohl im Osten als auch im Westen wachen. Trotz seiner enormen nationalen Stärke indes kann Amerika seine Kräfte nicht gleichmäßig auf den Osten und auf den Westen verteilen oder gar einen Krieg an zwei Fronten führen. Es muß daher seine Anstrengungen richtig einsetzen und kann nicht zwei strategische Ziele gleichzeitig verfolgen. Für diejenigen Politiker, die für die Strategie der Vereinigten Staaten verantwortlich sind, bedeutet daher die Auswahl und Festlegung der Priorität eines der Ziele eine sehr wichtige Entscheidung.

Es würde den Wünschen der Russen und der chinesischen Kommunisten genau entsprechen, wenn das Schwergewicht der amerikanischen Strategie gegen eine kommunistische Aggression in Zukunft in Europa läge. Wenn sich die Aufmerksamkeit auf Europa konzentriert, wird die Verteidigung in Asien naturgemäß weniger effektiv sein. Dann könnte sehr wohl die gegen Süd- und Südostasien gerichtete kommunistische Aggression fortgesetzt werden, wobei der gegenwärtige Zeitpunkt besonders günstig wäre, da er keinen Zündstoff zu einem Krieg zwischen Ost- und Westeuropa birgt. Sowjetrußland weiß sehr wohl, daß beide Seiten in einen Krieg zwischen Ost- und Westeuropa gewaltige Mengen an Material werfen müßten, um sich eine Aussicht auf Erfolg zu sichern. Und außerdem müßte Sowjetrußland die Schlacht selber schlagen.

Eingedenk der Tatsache, daß die demokratischen Staaten des Westens offensichtlich niemals auf die Idee gekommen sind, nach dem Osten zu marschieren, beschäftigt sich Sowjetrußland viel intensiver mit der wachsenden Herausforderung seiner eigenen Stellung im Osten durch die chinesischen Kommunisten und ist daher sehr darauf erpicht, seine Macht und seinen Einfluß in Asien zu verstärken. Aus diesem Grunde sollten die Vereinigten Staaten das Schwergewicht ihrer Politik nach Asien verlagern. In diesem Zusammenhang ist es von Bedeutung, daß die USA sich bemühen, Stützpunkte auf den Marianen-Inseln zu errichten.

4.

Wenn das Verteidigungskonzept der USA durch den Einsatz von ICBM und strategischen Bombern bestimmt wird, dann sollte man bei der Betrachtung des Gesamtbildes die beiden Pole einbeziehen. Da die Landmassen der USA wie auch Eurasiens in der nördlichen Hemisphäre liegen, erzielen beide Seiten den größeren Effekt, wenn der Angriff über die nordpolare Region erfolgt. Wesentlich geringer wäre die Wirkung eines Angriffs, wenn er über die Südpolregion erfolgte, und zwar ganz einfach auf Grund der größeren Distanz. Daher müssen beide Seiten ihre Macht im Indischen Ozean ausweiten – und dies entspricht genau dem, was sie bisher getan haben. Folgerichtig sind daher die nordpolare Region und der Indische Ozean die Brennpunkte der Bemühungen beider Seiten.

Um die größtmögliche Leistung des strategischen Bombers B-1 und der Harpoon-Rakete zu erzielen, müssen die USA, wenn schon nicht auf dem südasiatischen Festland, so doch zumindest im Indischen Ozean Stützpunkte errichten, von wo aus die Bomber jeden wichtigen Abschnitt im Ozean oder entlang seiner Küsten innerhalb von drei Stunden erreichen können. Demgemäß müssen sie hier auch ein entsprechendes Marinepotential unterhalten.

Um eine zeitgerechte Konzentrierung ihrer Marine im Indischen Ozean zu sichern, müssen die Vereinigten Staaten die strategische Bedeutung der beiden Wasserstraßen im Westen und im Osten des Ozeans, Suez-Kanal und Straße von Malakka, entsprechend einschätzen. Um eine sichere, ungehinderte Passage der US-Navy durch die Straße von Malakka zu gewährleisten, müssen die USA ihr möglichstes tun, um Malaysia, Singapur und Indonesien, die die Straße von Malakka schützen, in die Lage zu versetzen, diesen Schutz auch wirksam auszuüben.

Und schließlich sollten die USA zur Sicherung einer ungehinderten Fahrt durch den fernöstlichen Suez-Kanal (die Straße von Malakka) an der Mündung des fernöstlichen Mittelmeers (des Südchinesischen Meeres) wirksame Maßnahmen ergreifen, um die strategische Position des fernöstlichen Gibraltar (Taiwan) und des fernöstlichen Nordafrika (Indonesien) zu verstärken. Auf der Karte erkennt man die förmlich ins Auge springenden Übereinstimmungen der hier miteinander verglichenen Gebiete im Osten und im Westen in bezug auf geographische Lage und strategische Bedeutung.

5.

Ein fundamentaler Grundsatz der Vereinigten Staaten ist es seit jeher gewesen, einen totalen Atomkrieg zu vermeiden. Sie müssen daher auf einen konventionellen Krieg und notfalls auf einen örtlich begrenzten (taktischen) Atomkrieg vorbereitet sein. Man kann beobachten, daß nach den Erfordernissen der Globalstrategie der Schwerpunkt der amerikanischen Strategie in Asien und im pazifischen Raum in Zukunft in Nordostasien liegen wird, was eine Verteidigungslinie mit Japan als Mittelpunkt, Korea als vorgeschobenem Posten und Taiwan als unterstützender Basis bedeutet.

Dies ist natürlich nur eine der Linien des amerikanischen Verteidigungskonzeptes. Insgesamt kann man von fünf Verteidigungslinien zur nationalen Sicherheit ausgehen (ein Terminus, der die äußerste Linie eines Gebietes bedeutet, das zur Sicherung der Verteidigung der USA als notwendig angesehen werden muß).

Die äußerste und theoretisch als ideal anzusehende Linie verläuft von den Grenzen der nordöstlichen Provinzen Chinas entlang der Äußeren Mongolei bis zur Provinz Sinkiang. Da die Sowjets diese Linie jederzeit nach ihrem Belieben überrennen können, scheidet sie aus. Man muß daher eine zweite Linie in Betracht ziehen.

Diese zweite Linie verläuft von Peking durch Lantschou nach Tibet. Aber auch sie kommt nicht in Betracht, da sie sich auf einem Territorium befindet, dessen Regierung den USA bislang eher noch reserviert gegenüber steht. Wenden wir uns also dem Meere zu. Die dritte, abseits der Küste laufende Linie reicht von Südkorea über Taiwan bis zur indochinesischen Halbinsel. Lange Jahre war sie unter der Bezeichnung »Containment Line« (Umfassungslinie) ein Begriff. Sie wurde jedoch geschwächt und zerbrach mit dem Fall von Südvietnam und Kambodscha und dem damit verbundenen Schwund des amerikanischen Einflusses.

Die vierte Linie, die von Japan über die Ryukyu-Inseln bis zu den Philippinen führt, wird somit neuerdings von mancher Seite als »Hauptverteidigungslinie« betrachtet. Allerdings kann eine asiatische Verteidigungslinie nur dann sicher sein, wenn auch ihre Vorposten, Südkorea und Taiwan, gesichert sind.

Die fünfte und letzte Linie, die man in jüngster Zeit als »Auffanglinie« in Erwägung zieht, wird in der Hauptsache von den amerikanischen Protektoratsgebieten im Westpazifik gebildet. Sie verläuft von den Marianen bis Neuguinea. Da die Interessen der USA auf dem eurasischen Festland nicht temporärer, sondern permanenter Natur sind und da die genannten Inseln Amerika im Zweiten Weltkrieg als Ausgangsbasis dienten, um den Weg nach Asien wieder freizukämpfen, kann diese Linie wirklich nur als allerletzte Zuflucht in Erwägung gezogen werden.

Um feindliche Aktionen aus dem eurasischen Festland heraus mit Marine, Luftwaffe und Raketen aus allen Richtungen her abwehren zu können, müssen die Vereinigten Staaten ein gut durchdachtes strategisches Konzept haben. Ich habe bereits darauf hingewiesen, daß der Indische Ozean strategisch eng verknüpft ist mit dem asiatisch-pazifischen Gebiet. Die USA müssen ihre dominierende Rolle im Indischen Ozean aufrechterhalten, um Sowjetrußland daran zu hindern, durch den Indischen Ozean vorzustoßen und die Mondsichel an ihrem Unterleib zu durchbrechen. Wollen die USA aber ihre Vormachtstellung im Indischen Ozean halten, dann ist es von unbedingter Notwendigkeit, die Sicherheit Singapurs, Indonesiens und Taiwans zu stärken. Diese drei Staaten bilden von Natur aus strategische Schlüsselpositionen, die aufzugeben sich die Vereinigten Staaten nicht leisten können.

6.

Ein großer Teil aller Unruhen in der Welt spielt sich heutzutage in den Randgebieten der Weltinsel ab, und weder Sowjetrußland noch die USA können dabei abseits stehen, besonders wenn Fragen ihrer eigenen Sicherheit berührt werden. Da aber keine der beiden Seiten den Wunsch hat, in eine direkte Konfrontation oder in einen totalen Atomkrieg verwickelt zu werden, können sie nicht vermeiden, bei derlei Konflikten zu intervenieren. Dies führt folgerichtig zu langwierigen und erfolglosen Verhandlungen.

Diese langandauernde Periode der Entscheidungslosigkeit wirkt sich ganz eindeutig zugunsten des kommunistischen Blocks aus.

Die Vereinigten Staaten können während dieser Zeit ihre militärische Bereitschaft nicht vermindern, und die daraus entstehenden finanziellen Belastungen haben einen ungünstigen Einfluß auf ihre Wirtschaft. Es ist nur eine Frage der Zeit, bis sich psychologische Auswirkungen in der Bevölkerung zeigen, was wiederum zu einer Verschlechterung der innenpolitischen Situation führt. Hieraus könnten sich zwei Konsequenzen ergeben:

Die Bevölkerung wird der finanziellen Belastung überdrüssig und drängt darauf, eine bewaffnete Auseinandersetzung zu riskieren, die wiederum einen weltweiten Krieg auslöst. Oder die Bevölkerung lehnt sich gegen die eigene Regierung auf mit dem Ergebnis, daß es zu Revolution oder Bürgerkrieg kommt. Ganz gleich, welche der Konsequenzen tatsächlich eintritt, beide sind auf alle Fälle gleichermaßen verheerend für die Vereinigten Staaten und für die ganze Welt, sowohl vor als auch hinter dem Eisernen Vorhang.

7.

In der gegenwärtigen Situation mag es für die Vereinigten Staaten notwendig sein, ihre Verhandlungen zur Minderung der durch örtliche Probleme erzeugten Spannungen fortzusetzen, um damit zu erreichen, daß eine Ausbreitung der regionalen Konflikte sich nicht zum Vorteil der Roten auswirkt. Die regionalen Konflikte werden dabei freilich weiterhin ungelöst bleiben, die anhaltenden Spannungen werden weiter schwelen und sich womöglich noch verschärfen. Im Endeffekt werden sie sich, wie schon weiter oben ausgeführt, zu Ungunsten der demokratischen Welt auswirken.

Daher sollten die Vereinigten Staaten einerseits danach trachten, örtliche Konflikte auszugleichen und ihren Alliierten zu helfen, die Beherrscher des Herzlandes daran zu hindern, aus ihrem Gebiet auszubrechen. Zum anderen sollten sie ihr Augenmerk auf die Lösung des Grundproblems richten, nämlich auf die Beseitigung der wahren Ursache des Übels. Die wirksamste Maßnahme in dieser Richtung könnte sich an dem weiter oben bereits zitierten chinesischen Sprichwort orientieren: »Die Suppe hört auf zu kochen, wenn man das Feuer unter dem Kessel löscht.« Politisch gesehen wäre es die wirksamste und einzig praktikable Konzeption, das chinesische Festland zur Demokratie zurückzuführen, wodurch ein Neubeginn zur Errichtung des Weltfriedens möglich wäre.

Die ausgedehnte Küste dieser riesigen Landmasse bildet einen beträchtlichen Teil des Randlandes oder des östlichen Arms der Mondsichel um die eurasische Weltinsel. Ihr ungeheures Menschenpotential kann das Gleichgewicht von 11 : 11 zwischen freier und totalitärer Welt in 19 : 11 oder 11 : 19 verkehren, einfach durch einen Wechsel in der Politik zugunsten der einen oder der anderen Seite.

Mit dem chinesischen Festland auf ihrer Seite hätte die freie Welt einen ungeheuren strategischen Vorsprung; sie könnte damit nicht nur ihre Sicherheit zurückgewinnen, sondern besäße auch ein erheblich größeres Potential zur Errichtung einer vernunftgemäßen neuen Weltordnung. Man sollte nicht vergessen, daß es zwar auf der ganzen Welt rote Machthaber gibt, doch nirgendwo ein rotes Volk.

Die Rückführung des chinesischen Volkes auf dem Festland in den Schoß der freien Welt ist Aufgabe ihrer legitimen Regierung und kann bewältigt werden durch die Unterstützung einer Revolution auf dem Festland, verstärkt durch eine Offensive, die vom Inselbollwerk Taiwan aus geführt wird. Dies ist die einzige Möglichkeit, die von den chinesischen Kommunisten nicht als Aggression bezeichnet werden kann. An keinem anderen Punkt des Randlandes besitzt die freie Welt einen ähnlichen Vorteil.

8.
Um mit der gegenwärtigen Situation in der Welt fertig zu werden, sollten sich die Vereinigten Staaten nicht durch äußere Anzeichen von Stärke in der kommunistischen Welt blenden lassen und vor allem nicht deren Schwächen übersehen, die zum Vorteil der freien Welt ausgenutzt werden könnten. Zunächst einmal hat es noch niemals eine kommunistische Regierung gegeben, die sich der Zustimmung und Unterstützung des Volkes erfreut hätte. Sie kann sich allein mit Polizeigewalt an der Macht halten. Das Volk ist nicht zufrieden mit dem politischen, wirtschaftlichen und sozialen System des Kommunismus; vom psychologischen Standpunkt aus gesehen lehnt es die kommunistische Lebensauffassung ab. Könnte sich die Bevölkerung irgendeines kommunistischen Regimes ihrer kommunistischen Beherrscher auf irgendwelche Art entledigen, so würde dies nicht lange auf sich warten lassen. Kein kommunistisches Regime bildet eine Ausnahme von dieser Regel, und ganz besonders nicht das chinesische.

Zum zweiten gibt es kein kommunistisches Regime, das sich nicht nach außen hin kriegerisch gebärdet. In Wirklichkeit fürchtet aber jedes von ihnen eine unmittelbare Verwicklung in einen heißen Krieg, ganz besonders natürlich, wenn sich dieser Krieg auf dem eigenen, dem kommunistischen Territorium abspielen sollte. Dann nämlich würde die Bevölkerung die Gelegenheit ergreifen, um sich in einer Revolution gegen das kommunistische Regime zu erheben und es zu stürzen. Der »Eiserne Vorhang«, der »Bambusvorhang« und die Berliner Mauer sind handfeste Beispiele des kommunistischen Minderwertigkeitskomplexes, der aus dieser Furcht erwächst.

Schlußfolgerung

1.

Ausgehend von der vorstehenden Analyse läßt sich feststellen, daß die Maßnahmen der USA zum Ausbau der Stützpunkte auf den Tinian-Inseln (der Südspitze der Marianen) als eine strategische Festigung des asiatisch-pazifisch-indischen Gebietes angesehen werden können. Zuallererst müssen die Vereinigten Staaten alles tun, um den Staaten in diesem Gebiet bei der Festigung ihrer politischen Stabilität und der Stärkung ihrer militärischen Bereitschaft zu helfen. Der nächste Schritt wäre die Zusammenfassung dieser Staaten in einer Allianz, so daß sie ihre vereinten Kräfte im Falle eines Krieges in einer Verzögerungsaktion dergestalt einsetzen können, daß die USA genügend Zeit gewinnen für die zeitgerechte Konzentration ihrer Luft- und Seestreitkräfte. Damit würde die volle Ausnutzung der Einsatzmöglichkeiten strategischer Bomber und Raketen in Süd- und Nordrichtung der Weltinsel gesichert.

2.

Wir, die Regierung und das Volk der Republik China, werden unerschütterlich auf der Seite der freien Welt stehen. Während der augenblicklichen, von weltweiten Spannungen gekennzeichneten Übergangsperiode müssen wir auf uns selbst vertrauen, standhaft und entschlossen bleiben und würdig der engen Zusammenarbeit mit unseren Alliierten. Darüber hinaus sollten wir das Schwergewicht unserer Anstrengungen auf die Unterstützung der Menschen auf dem chinesischen Festland richten, damit sie sich in einer umfassenden Revolution gegen die kommunistische Tyrannei erheben. So können wir unsere Aufgabe zur Wiedergewinnung des Festlandes erfüllen, von der eine neue Ära für die gesamte Welt abhängen wird.

3.
Die demokratischen Staaten sollten die strategischen Konsequenzen von Lenins Ausspruch, daß »die kürzeste Route zwischen Moskau und Paris über Peking und Kalkutta führt«, begreifen. Die freie Welt muß sich die Tatsache vergegenwärtigen, daß das chinesische Festland immer noch den Schlüssel zu allen aktuellen Weltproblemen bedeutet. Alle Unruhen haben hier ihren Anfang, und ihre Lösung kann ebenfalls nur hier gefunden werden. Die Existenz der Republik China ist eine wesentliche strategische Trumpfkarte der freien Welt. Dies sollte man nicht übersehen, sondern im Gegenteil dazu nutzen, um das »Gleichgewicht« oder die »Konfrontation« von heute in einen entscheidenden Vorteil für die freie Welt zu verwandeln.

4.
Die Völker in den von Kommunisten beherrschten Ländern sind innerlich ausnahmslos gegen den Kommunismus eingestellt. Aus diesem Grunde können die kommunistischen Machthaber trotz ihres kriegerischen Gebarens das Risiko eines Krieges mit strategisch tödlichen Konsequenzen unter keinen Umständen eingehen. Die freie Welt sollte sich dieser Schwäche der kommunistischen Regimes bewußt werden und sie voll zu ihrem eigenen Vorteil nutzen.

IV. Beurteilung der Verteidigungsstrategie entlang der Inselkette im Westpazifik[1]

Im Rahmen seines vor der 36. Versammlung des Ausschusses für Verfassungsfragen gehaltenen Vortrags zum Thema »Beurteilung der Verteidigungsstrategie entlang der Inselkette im Westpazifik« hob General Chiang besonders hervor, daß er nicht übereinstimme mit dem unzuverlässigen und lückenhaften Konzept der Inselketten-Verteidigungsstrategie, wie es derzeit von einer Mehrzahl der amerikanischen Strategen vertreten wird. Verteidigung sei dabei nur eine zusätzliche Maßnahme, um entweder einen Angriff an der Hauptfront zu unterstützen oder Zeit zu gewinnen für die Einleitung einer Offensive, sobald die Überlegenheit gesichert sei.

General Chiang führte aus, daß Verteidigung keine Lösung dieses Problems darstelle, besonders wenn der Gegner fest entschlossen sei, das demokratische System der freien Welt zu zerstören. Sowjetrußland habe möglicherweise seine Taktik, ja sogar seine Strategie revidiert, jedoch keineswegs das strategische Ziel, die Welt zu kommunisieren – wobei die chinesischen Kommunisten im Wettstreit mit der UdSSR liegen.

General Chiang erläuterte, daß nur auf Grund der Unterstützung aus dem Gebiet von Taiwan heraus die maritime Sicherheitszone Japans gewährleistet sei; nur so könne es seiner Rohstoffzufuhren aus dem Mittleren Osten und aus Indonesien sicher sein. Stützten sich die Vereinigten Staaten von Amerika daher nur auf Japan als den Eckpfeiler in Nordostasien und übersähen sie die strategische Bedeutung Taiwans für Südostasien und den Indischen Ozean, dann könne die bislang ge-

1 Auszug aus einem von der in Taipei erscheinenden »China Post« am 20. Februar 1976 veröffentlichten Interview mit General Wego W. K. Chiang

wahrte Position der USA und Japans nicht lange gehalten werden.

Um zu diesem Punkt Näheres zu erfahren, bat die »China Post« den General um die Beantwortung der folgenden Frage: Welche strategische Bedeutung besitzt Taiwan im Rahmen einer Beurteilung der Strategie für die Inselketten-Verteidigung (IKV) im Westpazifik? Die Antwort des Generals lautete:

1. Die Vereinigten Staaten müssen aus folgenden Gründen die Führungsrolle in der demokratischen Welt behalten:
a) Die Sicherheit der USA ist untrennbar von der Verteidigung Westeuropas und Ostasiens. Sie sind voneinander abhängig.
b) Die Vereinigten Staaten sind die stärkste Macht in der gesamten freien Welt.
2. Daraus folgt, daß der amerikanische Kontinent am wirksamsten durch eine Unterstützung Westeuropas und Ostasiens verteidigt werden kann.
3. Dabei sollte aus folgenden Gründen das Schwergewicht auf Ostasien liegen:
a) Sowjetrußland richtet seine Offensive auf Ostasien, da sonst seine Hegemonie in der kommunistischen Welt in Gefahr gerät. Der Grund hierfür liegt einerseits in dem verhältnismäßig konservativen Charakter Westeuropas und andererseits in der aggressiven Haltung Rotchinas und seiner Absicht, die Führung der kommunistischen Welt an sich zu reißen.
b) Westeuropa hat ein wesentlich höheres Potential als Ostasien und kann im Falle einer Invasion sehr viel leichter die Möglichkeiten koordinierter Aktionen oder der vereinigten Kräfte seiner Staaten ausschöpfen als die Länder Ostasiens. Hierbei spielen politische, wirtschaftliche, psychologische und auch geostrategische Gründe eine Rolle.

c) Die Flotten beider Seiten, der totalitären wie der demokratischen Welt, können viel leichter und schneller vom Westpazifik in den Indischen Ozean gelangen als von der ostatlantischen Route. Der Besitz des Indischen Ozeans und Südasiens ist gleichbedeutend mit einer Trennung Westeuropas von Ostasien oder der Verbindung zwischen ihnen; er ist auch entscheidend für das Schicksal der USA.

4. Die geostrategische Bedeutung Taiwans:

a) Taiwan hält eine Zentralposition innerhalb der ESJAY-Linie und bildet damit einen strategisch wichtigen Punkt der IKV als zugleich südlichste Insel Nordostasiens und nördlichste Insel Südostasiens. Die IKV-Linie ist eindeutig die vorderste Sicherheitslinie der Vereinigten Staaten beziehungsweise des amerikanischen Kontinents. Ihr Verlust würde eine Öffnung sowohl des Pazifischen als auch des Indischen Ozeans bedeuten; ein Zurückweichen auf die Marianen-Linie würde zumindest der russischen Pazifikflotte eine bessere Chance bieten, vor der amerikanischen 7. Flotte den Indischen Ozean zu erreichen.

b) Taiwan ist gleichbedeutend mit dem Schicksal der Einheit von Nordost- und Südostasien. Taiwan schützt die westliche Flanke der maritimen Sicherheitszone südlich von Japan und garantiert damit zugleich die nationale Sicherheit Japans.

c) Taiwan schützt den Zugang zum Südchinesischen Meer, dem Mittelmeer des Fernen Ostens.

d) Taiwan ist das Sprungbrett nach Südostasien, dem Nordafrika des Fernen Ostens.

e) Demzufolge garantiert Taiwan die Sicherheit der Straße von Malakka, dem Suez-Kanal des Fernen Ostens.

f) In strategischer Hinsicht hat Südostasien nach dem Fall der indochinesischen Halbinsel, dem Italien des Fernen Ostens, an Bedeutung zugenommen. Taiwan wurde dadurch zum Gibraltar des Fernen Ostens – strategisch allerdings wesentlich wichtiger als das eigentliche Gibraltar mit seiner Lage am westlichen Zugang zum Mittelmeer.

5. Die weltwirtschaftliche Bedeutung Taiwans:

a) Die Republik China unterhält mit der freien Welt auf vielen Gebieten hervorragende Handelsbeziehungen.

b) Taiwan ist politisch stabil und militärisch sicher und stellt daher ein ideales Gebiet sowohl für den internationalen Handel als auch für Investitionen jeder Art dar.

c) Die Wiedererrichtung einer demokratischen Ordnung auf dem chinesischen Festland würde eine spürbare Verringerung des wirtschaftlichen Drucks in der freien Welt nach sich ziehen.

d) Ein Verlust Taiwans hätte für die freie Welt einen ungeheuren Verlust an Rohstoffzufuhren zur Folge, da Taiwan einen besonderen strategischen Einfluß auf den Mittleren Osten und auf Indonesien ausübt.

6. Die geopolitische Bedeutung Taiwans:

a) Für Sowjetrußland ist es weniger schwierig, das chinesische Festland zu kommunisieren als die europäischen Staaten, denn es ist leichter, Rotchina vom Mao-Rot ins Sowjet-Rot zu transformieren, so lange die freie Welt es dem Kommunismus überläßt. Wird aber das chinesische Festland ein Teil der Sowjetunion, dann gehen mit ihm auch der Pazifische und der Indische Ozean verloren. Sogar ein Kind kann begreifen, was dies für die Vereinigten Staaten und für die ganze Welt bedeuten würde. Für die freie Welt und die gesamte Menschheit einschließlich der 1300 Millionen hinter dem Eisernen Vorhang gibt es nur eine Lösung: das chinesische Festland zurückzuführen in die demokratische Welt.

b) Kein demokratischer Staat mit Ausnahme der Republik

China kann unmittelbare Schritte zur Wiederherstellung der Demokratie auf dem Festland unternehmen, und zwar aus folgenden Gründen:

(1) Greifen Nicht-Chinesen ein, könnte man sie der Einmischung in innerstaatliche Angelegenheiten oder gar der Aggression bezichtigen.

(2) Die chinesischen Kommunisten könnten dies nutzen, um die Bevölkerung von der Notwendigkeit des Kampfes gegen die Aggressoren zu überzeugen, wohingegen derzeit die gesamte Bevölkerung des Festlandes auf unserer Seite steht und auf die echte Befreiung wartet.

(3) Bei einer Einmischung von Nicht-Chinesen könnten die Sowjetrussen dies zum Vorwand nehmen, um mit ihren Streitkräften in das chinesische Festland einzudringen. Zugleich wäre dies ein Anlaß zum Vorstoß der russischen Pazifikflotte nach Süden, in den Pazifischen und Indischen Ozean.

c) Daher hilft die freie Welt sich selbst, wenn sie die Bevölkerung Chinas in ihrem Befreiungskampf durch eine Stärkung der Republik China unterstützt und den Streitkräften der Republik China logistische Unterstützung gewährt. Taiwans enorme strategische Bedeutung liegt darin, daß es derzeit den Sitz der Republik China und ein Bollwerk ihrer Streitkräfte bildet und sozusagen eine Arche Noah nicht nur für uns Chinesen, sondern auch für die ganze Welt. Würde der Name der Republik China ausgelöscht, so würde dies die Vernichtung der letzten Trumpfkarte für die Hoffnungen der freien Welt bedeuten.

Schlußfolgerung

Die strategische Bedeutung Taiwans beruht nicht nur auf seiner Bedeutung für die IKV-Linie, sondern – im positiven Sinne – vor allem auch auf seiner Rolle bei der Rückgewinnung bereits verlorener Staaten, der Wiedereinsetzung demokratischer Regierungen in diesen Ländern und damit der Wiedererrichtung der menschlichen Zivilisation – eine Aufgabe, die ich den »Dritten Kreuzzug« nenne.

Schlußbemerkung

Man kann es in einem Satz zusammenfassen: Die grundlegenden Fehler, die die Staaten der freien Welt begehen, leiten sich von dem Umstand her, daß sie kein klares Verständnis haben für eine anthropozentrische Sicht der Dinge. Daher sind sie bislang ebenso unfähig gewesen, ihre eigenen nationalen Ziele zu verfolgen, wie den natürlichen Unterschied zwischen dem gegenwärtigen Feind und dem der Vergangenheit zu erkennen. Diese Fehler haben schließlich zu der augenblicklichen Situation geführt, in der die Staaten der freien Welt verwirrt sind, unfähig, zwischen Freund und Feind zu unterscheiden und zu erkennen, was richtig oder was falsch ist.

Das Festhalten an anthropozentrischen und demokratischen Positionen, die Errichtung ureigener prinzipieller Zielsetzungen sowie das Erkennen der Natur des Gegners und seiner Zielsetzungen sind die Vorbedingungen für Studium und Analyse der strategischen Situation der Gegenwart und die Festlegung einer Globalstrategie für die freie Welt. Einzig und allein auf solche Weise wären die demokratischen Staaten wirklich in der Lage, die Beziehungen zwischen der freien Welt und dem kommunistischen Lager klar zu erkennen, würden der Gefahr entrinnen, sich »mit dem Feind von morgen gegen den Feind von heute« zu vereinigen, indem sie an zeitweilige Gegensätze zwischen den Feinden glauben, und würden so nicht wieder gutzumachende strategische Fehler vermeiden!

Das grundlegende strategische Ziel sowohl des Chicom-Regimes als auch Sowjetrußlands ist es, den Kommunismus zu einer Kommunisierung der gesamten Welt zu führen; dies bedeutet, daß sie ihr tyrannisches Politsystem und ihre Art der kollektiven Lebensführung allen Völkern der Erde aufoktroyieren. Die Probleme Sowjetrußlands sind die alten Probleme der Russen. Schon während der Zarenzeit bis hin zu ihrer gewaltsamen Beendigung durch die Kommunisten war es das strategische Ziel der Russen, die permanente Bedrohung durch ihre mächtigen Nachbarn abzuschütteln, für ihr ringsum von Territorien umgebenes Staatsgebiet auf dem asiatisch-europäischen Kontinent einen Zugang zu den Ozeanen zu finden, und dann die Welt zu beherrschen. Seit der »Oktoberrevolution« bedienen sich die Sowjetkommunisten in Ergänzung zu ihrer ideologischen Infiltration mehr und mehr der militärischen Mittel. Zunächst überfremden und vergiften sie ihre »Feinde«, dann unterwandern sie sie, überwältigen sie und versklaven sie mit militärischer Gewalt. Zunächst unternahmen sie ihre Offensiven lediglich gegen ihre sogenannten »Feinde«; nunmehr haben sie es auch unternommen, Gebiete von strategischer Wichtigkeit zu kontrollieren, um damit die Industrienationen der Erde unter Druck zu setzen.

Das ist die Art, in der die sowjetischen Kommunisten vorgehen – und genau so versuchen dies die chinesischen Kommunisten! Der sogenannte »Revisionismus« ist nichts weiter als ein seiner Natur nach dürftiger Deckmantel; sie mögen vielleicht einige Veränderungen in ihrer Taktik vorgenommen haben, doch sie werden niemals ihr strategisches Ziel ändern. Seit den Tagen des Großfürstentums Moskau von 1261 bis hin zur Gegenwart haben die Russen niemals ihr strategisches Ziel geändert; ebenso wenig haben sie jemals ihr allgemeines strategisches Konzept revidiert. Seit ihrem Bruch mit Moskau im Jahre 1958 haben sich die chinesischen Kommunisten um eine dauerhafte Unabhängigkeit bemüht, indem sie sich mit den Russen um den Führungsanspruch innerhalb der kommunistischen Welt stritten.

Das Chicom-Regime kann damit auch nicht aufhören, sondern würde andernfalls in den Einflußbereich des sowjetischen Kommunismus zurückfallen, wenn dieser die gesamte Welt dominiert hat. In ihrer Auseinandersetzung mit dem russischen Kommunismus müssen die chinesischen Kommunisten die Sowjets als »Revisionisten« brandmarken, um den russischen Führungsanspruch abzuleugnen. Sie verfolgen zwar ihre Politik der »Modernisierung«, wagen jedoch nicht, sich selber als »Revisionisten« zu bekennen, bevor sie nicht die Sowjets paralysiert und das russische Volk isoliert haben.

Hinzu kommt, daß das chinesische Volk auf dem Festland sich zumindest bereits eines zwanzig Jahre dauernden demokratischen Regimes erfreut hat. Sollten sich die chinesischen Kommunisten an eine Revision ihrer Wirtschaftspolitik oder des Lebensstandards ihres Volkes heranwagen, so ist es durchaus möglich, daß der Gedanke der Drei Grundlehren des Volkes und der traditionellen chinesischen Kultur im Bewußtsein des ganzen chinesischen Volkes wieder aufleben wird. Daher ist es ganz offensichtlich, daß das Chicom-Regime noch mehr Druck ausüben und sein tyrannisches Regiment über das chinesische Volk noch weiter verschärfen wird.

Wir hoffen, daß sich die Nationen der freien Welt der Tatsache bewußt werden, daß sowohl der russische als auch der chinesische Kommunismus die gleichen Charakteristika aufweist und das gleiche Ziel verfolgt. Sie sollten sich darüber hinaus der Tatsache bewußt sein, daß sie ebenso kindische wie schwerwiegende strategische Fehler begehen, wenn sie »Verhandlungen«, »Annäherung« und eine sogenannte »Normalisierung der Beziehungen« mit den Kommunisten propagieren. Wir alle wissen, daß bereits das Großfürstentum Moskau, dessen Fläche nicht größer war als die der heutigen Stadt Taipei, das Bestreben hatte, die asiatisch-europäische Landmasse zu beherrschen. Nachdem die Sowjetunion von heute bereits auf die Ozeane vorgedrungen ist und eine Kampfstärke besitzt, die derjenigen der USA fast gleichkommt, ist es absolut unsinnig zu glauben, daß die Sowjetunion auf dem Wege von »Verhandlungen« dazu überredet werden könnte, ihre Ambitionen aufzugeben.

Nicht anders steht es mit dem Chicom-Regime. Es ist ganz offensichtlich, daß wir, wenn die freie Welt weiterhin ein »Gleichgewicht der Kräfte« verfolgt und am Prinzip der »Defensive« festhält, quasi den Kommunisten die Mittel in die Hand geben, mit denen sie uns ohne Schwierigkeiten infiltrieren, überfremden und korrumpieren, mit denen sie schließlich unser Wirtschaftssystem unterminieren könnten, was zu einem Zusammenbruch der Moral, zu innerem Aufruhr und zur Zerstörung unseres demokratischen Systems führen würde. Die chinesischen Kommunisten haben keinen Zweifel daran gelassen, daß sie »Städte umzingeln« würden (was sich auf die Zweite Welt Japans und auf die Erste Welt Europas und Amerikas bezieht), indem sie »Dörfer benutzen« (was sich auf die Dritte Welt Asiens, Afrikas und Lateinamerikas bezieht). Die Russen haben ebenso klar verkündet, daß der kürzeste Weg von Moskau nach Paris über Peking und Kalkutta führt.

Des weiteren dürfen wir nicht vergessen, daß es der freien Welt niemals vergönnt wäre, einen Vorteil aus der Auseinandersetzung zwischen dem Chicom-Regime und Sowjetrußland zu ziehen. Beider Ambition nach Weltherrschaft ist identisch. Es ist nicht anders, als wenn zwei Wölfe ein und dasselbe Schaf jagen: sie würden niemals dem Jäger auch nur die geringste Chance einräumen. Es ist geradezu lächerlich zu glauben, der Jäger könnte mit dem einen Wolf gegen den anderen kooperieren! Es ist so gut wie sicher, daß eines Tages zwischen dem Chicom-Regime und Sowjetrußland eine Entscheidungsschlacht um die endgültige Führungsrolle ausbricht – doch dies wird erst geschehen, nachdem die freie Welt zur Gänze kommunistisch geworden ist.

Doch dies ist eine Annahme, um derentwegen sich die freie Welt keinerlei Sorgen zu machen braucht. Angenommen, es würde geschehen, so wäre zuvor bereits die menschliche Kultur zerstört worden. Wir sollten aber wissen, daß die menschliche Natur niemals ausgelöscht werden kann. Menschliche Wesen würden es niemals zulassen, daß sie von einer Handvoll Schurken versklavt würden. Mit Sicherheit würden sie sich erheben, um die kommunistische Tyrannei zu überwinden und die Demokratie wiederzuerrichten. Wenn es dies ist, wonach die menschliche Natur verlangt, warum sollten dann die Großmächte der freien Welt zuerst den Rest eben dieser freien Welt dem Wolf überlassen und danach versuchen, den Wolf zu vertreiben?

Was in den vergangenen dreißig Jahren geschehen ist, weist auf die Tatsache hin, daß die weltweite Unruhe und ihre Eskalation von den chinesischen Kommunisten verursacht worden sind, seitdem sie das chinesische Festland in Besitz genommen haben. Egal, ob wir eine Analyse der Theorien und Fakten bezogen auf Geographie, Geschichte oder auf den Menschen unternehmen, wir werden zu der gleichen Schlußfolgerung kommen: Die Wurzel der Weltprobleme liegt in Asien, während die Wurzel der asiatischen Probleme sich auf dem chinesischen Festland befindet. Erst wenn das chinesische Festland zu einer demokratischen, verfassungmäßigen Regierungsform zurückgeführt worden ist, wird die kommunistische Gefahr in Asien beendet, wird die Beunruhigung der Welt aufgehoben sein. Nur wenn es gelingt, dieselbe günstige Situation wiederherzustellen, wie sie nach dem Zweiten Weltkrieg geherrscht hat, wird die freie Welt in der Lage sein, ihren demokratischen Weg weiter fortzusetzen.

Die freie Welt kann sich glücklich schätzen, in der Republik China einen so starken antikommunistischen Vorposten zu besitzen. Der Name der Republik China ist ein wichtiger Aktivposten bei der Wiedergewinnung des chinesischen Festlandes. Die Republik China auf Taiwan, entschlossen und furchtlos, ist imstande, der kommunistischen Aggression Einhalt zu gebieten; im Rahmen ihres Beitrags für die Sicherheit der ganzen Welt hat sie bislang schon eine außerordentlich wichtige Rolle gespielt.

Die strategische Bedeutung Taiwans läßt sich anhand der nachfolgenden Grafik erläutern.

In der gegenwärtigen Situation einer bipolaren Konfrontation (»Demokratie« contra »Totalitarismus«) sind die Vereinigten Staaten und Sowjetrußland jeweils die Anführer des entsprechenden Lagers. Das letztere ist der führende »trouble-maker« der ganzen Welt, während erstere die demokratische Welt auf den Weg des Zerfalls geführt haben – durch immer neue strategische Fehler. Die beiden auf der Grafik gezeigten strategischen Zonen sind zwei Brennpunkte, die beide Seiten zu erobern versucht haben und immer weiter versuchen werden. Das Randland entlang der asiatisch-europäischen Landmasse (Weltinsel) gilt bei den Geostrategen als militärisch-strategische Zone. Das entwickelte Gebiet zwischen 30° nördlicher und 30° südlicher Breite, wo sich die meisten strategischen Ressourcen konzentrieren, wird von den Geostrategen als ökonomisch-strategische Zone betrachtet. Diese beiden Zonen sind die für das Überleben beider Seiten entscheidend wichtigen Gebiete.

Die Kommunisten unternehmen lebhafte Anstrengungen auf dem Gebiet der Infiltration und Subversion innerhalb dieser beiden Zonen, während die Großmächte der freien Welt, im Bestreben der Sicherung eines zeitweiligen Friedens, sich in

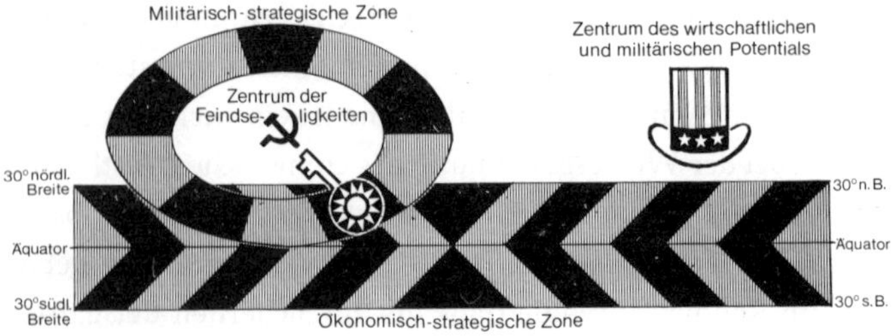

Symbolische Darstellung der bipolaren strategischen Situation in der Welt von heute (Stand 1978/79)
(Graphik: General Wego W. K. Chiang)

Anmerkungen:

1. Die USA verfügen lediglich über militärisches und wirtschaftliches Potential, um der sowjetischen Expansion Widerstand zu leisten.
2. Die Republik China auf Taiwan befindet sich auf einem kritischen strategischen Punkt sowohl innerhalb der militärisch-strategischen als auch der ökonomisch-strategischen Zone.
3. Die Republik China auf Taiwan bildet das Zentrum eines politischen und psychologischen Potentials.
4. Die Republik China stellt somit – wie oben ausführlich dargestellt – den Schlüssel zu einer Beseitigung des grundlegenden Weltkonfliktes dar.

der Defensive befinden – mit dem Ergebnis, daß sie Stück für Stück dieser Gebiete verlieren. Diejenigen, die es mit der Nixon-Doktrin halten, sind der Meinung, es handle sich dabei um örtliche Probleme, die von den lokalen Regierungen selbst gelöst werden sollten. Die Anhänger der Meinung von General George C. Marshall indessen führen aus, daß die Vereinigten Staaten nicht länger jene schwachen, eigensinnigen demokratischen Länder in diesen Gebieten unterstützen sollten, nachdem sie mit ihren Interventionen keinen Erfolg gehabt hatten oder nachdem sie die Kommunisten ermutigt hatten, sich auszubreiten; so kommt es, daß ausgerechnet in der letzten, verzweifeltsten Stunde die USA ihren schwachen Verbündeten plötzlich den Rücken zuwenden und sie später sogar noch der Unfähigkeit anklagen.

Innerhalb dieser beiden Zonen gibt es eine Menge Stellen, die als strategische Punkte zu bezeichnen sind, weil sie in höchstem Maße die strategische Situation beider Seiten beeinflussen. Daher müssen diese Stellen vom Angreifer eingenommen und vom Verteidiger gehalten werden. Das chinesische Festland, Südostasien, der Mittlere Osten, Nordafrika und Zentralafrika sind beispielsweise solche strategischen Punkte. Diese Punkte haben ihre peripheren Gebiete oder ihre Aufmarschzonen; der Brennpunkt hingegen liegt in ihrer Verbindung. Dieser Brennpunkt ist die Straße von Taiwan und die Regierung der Republik China mit ihren siebzehn Millionen ziviler und militärischer Bürger auf Taiwan.

Die Vereinigten Staaten führen die demokratische Welt mit Hilfe ihrer sichtbaren militärischen und wirtschaftlichen Stärke, mit welcher allein die sowjetische Expansion bislang im Zaum gehalten werden konnte. Die Sowjetunion führt auf der anderen Seite die totalitäre gegen die demokratische Welt mit Hilfe zweier noch wirksamerer Mittel – politischer und psychologischer – zusätzlich zu ihrer militärischen und wirtschaftlichen Stärke. Immerhin: Seitdem die chinesischen Kommunisten das chinesische Festland erobert haben, zeigten sich die Großmächte der demokratischen Welt sowohl auf politischem als auch auf psychologischem Gebiet von einer ungnädigeren Seite.

Die Republik China auf Taiwan indessen hat sich gegenüber der kommunistischen Aggression wesentlich entschlossener gezeigt. Ginge die Straße von Taiwan verloren, so würde dies die demokratische Welt sowohl militärisch als auch wirtschaftlich in eine höchst unvorteilhafte Situation manövrieren. Die Straße von Taiwan kann von der demokratischen Welt zur Entwicklung politischer und psychologischer Stärke benutzt werden; sie kann dazu benutzt werden, die kommunistische Expansion mit Hilfe defensiver Operationen zum Stillstand zu bringen, und sie kann schließlich als Basis für einen Angriff auf das kommunistische Herzland in Form von offensiven Operationen verwendet werden. Hinzu kommt, daß kein Land der Welt die Kommunisten und ihre Sprache besser versteht als die Republik China auf Taiwan, und kein Land entschlossener sein kann im Kampf gegen die kommunistische Aggression.

Sollte die Republik China dereinst das chinesische Festland zurückgewinnen, so würde dies die Russen zwingen, ihren Anspruch auf die Weltherrschaft aufzugeben. Wenn die freie Welt von Osteuropa aus einen Angriff startet, so könnte dies unter Umständen den Dritten Weltkrieg bedeuten. Falls jedoch die freie Welt die Republik China bei der Wiedergewinnung des chinesischen Festlandes unterstützt, so wird dies nicht nur einen Weltkrieg verhindern, sondern dazu noch für die osteuropäischen Länder und die Sowjetrepubliken eine Gelegenheit zur Revolution schaffen und damit zur Wiedererrichtung eines freien und demokratischen Systems.

Moskau würde niemals das Risiko auf sich nehmen, sich in einen »heißen Krieg« auf dem chinesischen Festland verwikkeln zu lassen, einmal weil es, gesetzt den Fall, es könnte das Festland für kurze Zeit erobern, niemals in der Lage wäre, eben dieses chinesische Festland über einen längeren Zeitraum hinweg zu besetzen und zu kontrollieren, zum anderen, weil Moskau fürchtet, die Völker in den osteuropäischen Ländern und in den Sowjetrepubliken könnten eben diese Gelegenheit benützen, um eine Revolution gegen die Sowjetmacht anzuzetteln. Moskau fürchtet nicht minder, daß eine solche Revolte innerhalb der sowjetischen Streitkräfte ausbrechen könnte, weil diese nur zu einem geringen Teil aus Russen bestehen. Da die Kommunisten ihre Regimes mit Hilfe von Revolten errichtet haben, sind sie sehr empfindlich gegenüber innerer Rebellion. Aus diesem Grunde würde Moskau niemals seine zahlreichen Eroberungen der letzten sieben Jahrhunderte seit 1261 auf solche Weise plötzlich zerstört sehen wollen!

Auch wenn das chinesische Volk auf dem Festland eine breit angelegte Revolution anzetteln würde, könnte die russische Armee niemals wagen, in südlicher Richtung anzugreifen, wenn sie nicht die völkischen Minderheiten entlang der chinesisch-sowjetischen Grenze dazu zwingen wollte, ihre Unabhängigkeit zu erklären. Angenommen, die Russen würden in Richtung Süden angreifen, so hätte dies keinerlei Ergebnisse, wenn ihre Streitkräfte zu gering wären; es würde jedoch eine Revolution in den osteuropäischen Ländern ebenso wie in der Sowjetunion selbst ermutigen, wenn ihre Streitkräfte zu stark wären.

Wenn dies geschähe, so brächte dies allen Völkern der Welt, eingeschlossen diejenigen hinter dem Eisernen Vorhang in der Sowjetunion, ungeahntes Glück. Sollten die russischen Streitkräfte China angreifen, so hätte das chinesische Volk anfangs erheblich zu leiden; je tiefer jedoch die Russen ins chinesische Festland eindrängen, desto unsicherer würde ihre Basis im Rücken auf Grund antikommunistischer Aktivitäten. So glichen die russischen Angriffskräfte einem zerbrochenen Drachen, der schließlich auf dem Boden zerschellt. Zur selben Zeit würden die zahlenmäßig überlegenen Ukrainer in den russischen Streitkräften meutern, ja sogar die Russen selbst würden sich gegen ihre kommunistischen Führer erheben.

Dann würde die Weltordnung wiedererrichtet – wäre dies nicht ein unermeßliches Glück für die Menschheit? Doch dies sind Dinge, die die Kreml-Führer niemals erleben möchten – und aus eben diesem Grunde werden sie auch überaus vorsichtig sein, was die Gefahr der Verwicklung in einen Krieg auf dem chinesischen Festland betrifft. Es ist offensichtlich: Die beste Strategie für die demokratische Welt ist eine Unterstützung der Republik China bei der Wiedergewinnung des chinesischen Festlandes.

Das Denken der Großmächte der demokratischen Welt ist jedoch noch immer von dem Versuch bestimmt, mit den chinesischen Kommunisten zum Zwecke der Förderung des Friedens zu kooperieren – in der Tat ein strategischer Fehler. Es ist überflüssig, dies noch einmal zu erläutern, da es in anderen Kapiteln dieses Buches bereits abgehandelt worden ist.

Zum Abschluß möchte ich jedoch noch ein Wort sagen: Wenn die demokratische Welt weiterhin in der Defensive zu bleiben wünscht und auf die Gunst jener Stunde wartet, in der alle Probleme sich von selber lösen, dann könnte sie in eine ausweglose Situation geraten. Gerade jetzt, da das Chicom-Regime sich in einer zunehmend chaotischen Lage befindet, wäre die beste Gelegenheit, der Republik China in ihrem Bemühen beizustehen, die revolutionären Kräfte auf dem chinesischen Festland zu ermutigen und mit ihnen zusammenzuarbeiten, um schließlich das kommunistische System Chinas zu überwinden. Nur auf diesem Wege kann die menschliche Kultur und Würde wiederhergestellt und eine glanzvolle Geschichte der gesamten Menschheit begonnen werden.

Der Autor

General Wego Wei-Kuo Chiang wurde am 6. Oktober 1916 als zweiter Sohn des nachmaligen Marschalls und langjährigen Präsidenten der Republik China, Chiang Kai-Shek (1887 bis 1975), in Shanghai geboren. Sein älterer Bruder ist der derzeitige Präsident und langjährige Premierminister der Republik China, Chiang Ching-Kuo (geboren 1910).

Seine wissenschaftliche Ausbildung erfuhr Chiang Wei-Kuo am College of Science der Universität von Soochow; die Stationen seiner militärischen Ausbildung waren u.a. die Kriegsschule in München, die Air Corps Tactical School in Maxwell Field (USA), die Armour School der chinesischen Streitkräfte in Ramgar (Indien), das Command and General Staff College in Fort Leavenworth (Kansas), die USA Air Defense School in Fort Bliss, das National War College der Republik China sowie, in den Jahren 1937/38, das 98. Gebirgsjäger-Regiment der Wehrmacht des Deutschen Reiches.

1945/48 führte Chiang Wei-Kuo das Kommando über das 1. Panzer-Regiment der Armee der Republik China, bis 1950 war er Chief of Staff und Kommandierender General des Armour Command der Republik China. Mehrere Jahre war General Chiang dann im Verteidigungsministerium tätig, bevor er 1963 das Kommando über das Command and General Staff College der chinesischen Armee übernahm. 1969 wurde er mit der Leitung des Armed Forces War College beauftragt; seit 1975 ist General Wego W.K. Chiang Präsident der Armed Forces University in Taipei.

Seine zahlreichen Veröffentlichungen beschäftigen sich hauptsächlich mit Problemen der Strategie und Taktik sowie der Ausbildung des militärischen Nachwuchses; eine seiner interessantesten militärhistorischen Studien trägt den Titel »How Generalissimo Chiang Kai-Shek Won The Eight-Year Sino-Japanese War 1937–1945«.

General Wego W.K. Chiang ist verheiratet und hat einen Sohn.